专利

Patent Is All Around

在身边

诸敏刚⊙主　编

李　程⊙副主编

知识产权出版社

全国百佳图书出版单位

图书在版编目（CIP）数据

专利在身边 / 诸敏刚主编 .—北京：知识产权出版社，2016.4

ISBN 978-7-5130-4085-3

Ⅰ.①专… Ⅱ.①诸… Ⅲ.①知识产权保护—研究—中国 Ⅳ.① D923.404

中国版本图书馆 CIP 数据核字（2016）第 048634 号

内容提要

本书是知识产权领域自媒体首次创新尝试，主要内容精选自 2014 年知识产权出版社 i 智库公众微信账号的原创微信文章。本书既包括对日常生活用具、节日的专利相关解读，也有对知名企业和热点行业的专利分析；既体现了专利在日常生活和经济活动中的价值，同时也为提高公众专利意识提供了素材。本书可供相关专利管理部门、企业、科研院所及对专利申请有兴趣的广大读者参考。

责任编辑：许 波　　　　责任出版：刘译文

专利在身边
ZHUANLI ZAI SHENBIAN

诸敏刚　主编　　李 程　副主编

出版发行	知识产权出版社 有限责任公司	网 址：http：// www.ipph.cn
		http：// www.laichushu.com
电 话：010 — 82004826		
社 址：北京市海淀区西外太平庄55号	邮 编：100081
责编电话：010 — 82000860 转 8380	责编邮箱：xbsun@163.com
发行电话：010 — 82000860 转 8101 / 8029	发行传真：010 — 82000893 / 82003279
印 刷：北京嘉恒彩色印刷有限责任公司	经 销：各大网上书店、新华书店及相关专业书店
开 本：720mm×1000mm 1/16	印 张：13.25
版 次：2016 年 4 月第 1 版	印 次：2016 年 4 月第 1 次印刷
字 数：165 千字	定 价：48.00 元
ISBN 978-7-5130-4085-3	

《专利在身边》编委会

PREFACE 前言

　　党的十八届三中全会审议通过的《中共中央关于全面深化改革若干重大问题的决定》明确提出，加强中国特色新型智库建设，建立健全决策咨询制度。中国特色新型智库在专业领域的长期研究积累，可以为政府决策工作提供强有力的智力支持。在2016年"两会"期间，国家知识产权局局长申长雨表示，知识产权是创新的原动力，是创新成果向现实生产力转化的纽带和桥梁。我国经济已经进入速度变化、结构优化、动力转换的新常态，推动供给侧结构性改革，助力大众创业、万众创新，更加需要发挥知识产权制度保障和激励创新的重要作用。

　　为深入贯彻党的十八届三中全会精神，积极探索建设中国特色知识产权国家智库，更好地为"两局"服务、为专利事业服务，知识产权出版社咨询培训中心在2014年创立的对外知识产权咨询培训服务统一品牌"i智库"，以传播知识产权智慧，助力政企发展决策为宗旨。自建立以来，"i智库"团队依托知识产权出版社强大的数据资源和专利信息产品研发能力，通过微信、微博、专栏等线上线下渠道，已为数十个地方政府、数百家大型企事业单位提供了全方位专业的知识产权咨询服务，为政府制定产业知识产权战略和产业规划提供有力依据，为企业进行市场定位和专利布局提供咨询意见，降低和避免经济与科技活动中知识产权风险。"i智库"

已经为数万名知识产权管理人员、专利工程师、研发人员、市场人员提供了系统的知识产权培训服务。

随着移动互联网的迅猛发展，知识产权服务领域创新日新月异，并不断积极探索"互联网+知识产权"模式。咨询培训中心于 2014 年推出 i 智库微信公众平台订阅号，以图文并茂的形式向公众介绍国内外专利法律、法规和专利管理机构，普及知识产权知识。i 智库微信公众平台能够第一时间从专业角度解读专利热点资讯，分享通信、医药、汽车、互联网企业和高校在知识产权管理和知识产权保护方面的案例，挖掘专利信息及其价值，分析相关技术在国内外申请趋势，与竞争对手对比分析，探讨技术发展前景和市场机会。i 智库微信文章的内容不同于传统分析报告，意在以短小精悍的方式、更接地气的语言了解专利在相关领域的应用和发展，传播知识产权智慧，助力企业发展决策。

i 智库微信公众平台订阅号已经累计几千名粉丝，吸引了行业内外人士对知识产权热点资讯的广泛关注，通过线上问答进行互动，提供用户所需信息资料，线下组织行业论坛活动给粉丝与行业专家交流讨论的宝贵机会。我坚信，在 i 智库团队的共同努力下，未来将为用户提供更全面、更专业、更具特色的知识产权服务！

诸敏刚

2016 年 3 月

CONTENTS 目 录

第一章

身边的专利

渐冻人，专利能为你做什么？

2014 年 8 月，"冰桶挑战赛"［全称"渐冻人症（ALS）冰桶挑战赛"］席卷网络，先是风靡全美，继而扩散至中国。该活动旨在让更多人知道被称为渐冻人症的罕见疾病，同时也达到募款帮助治疗的目的。那么，什么是渐冻人症？其最新治疗技术进展如何？谁是中国最强的申请人？中国本土申请人谁领先？让我们通过专利分析来一探究竟！

1. 什么是渐冻人症？

渐冻人症，又称肌萎缩侧索硬化症，患者在意识完全清醒的情况下，眼睁睁地看着自己逐渐无法动弹、不能说话、无法呼吸。据专家介绍，我国的"渐冻人"数量，保守估计，目前至少 10 万人，如果包括诊断不明确的其他和此病相类似的患者，这个数字将超过 20 万人。被誉为"宇宙之王"的著名科学巨匠霍金就是位"渐冻人"。

2. 哪些国家申请了渐冻人治疗的专利？

我们通过专利数据检索发现：与渐冻人症相关的中国专利申请数量不少，有 1 438 件，美国在华申请数量最多，中国本土申请数量仅排第三（图 1-1）。

3. 目前有效专利占多少？

这 1 438 件中国专利，一半以上（737 件）已经失效，229 件专利被授权且目前还在有效状态，57 件专利发生了转让或实施许可（图 1-2）。

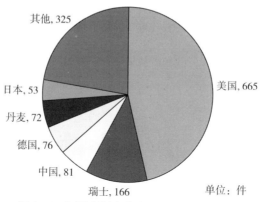

图1-1 各国在渐冻人治疗技术的专利布局

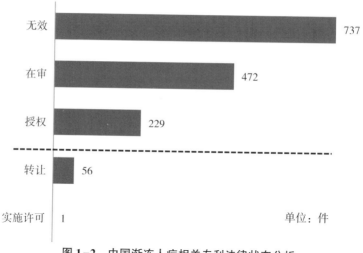

图1-2 中国渐冻人症相关专利法律状态分析

4. 最新技术进展如何？

在这些治疗渐冻人症的中国专利中，化合物类专利申请最多，还涉及新用途类、肽类、中药、制剂改进和基因治疗；有21件中药专利申请，其中12件是中国本土申请，9件是国外来华申请；还有7件关于基因治疗的专利（图1-3），可见，新的治疗技术不断涌现。

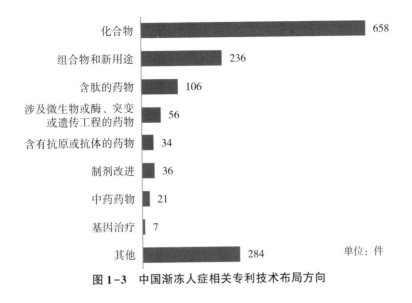

化合物 658
组合物和新用途 236
含肽的药物 106
涉及微生物或酶、突变或遗传工程的药物 56
含有抗原或抗体的药物 34
制剂改进 36
中药药物 21
基因治疗 7
其他 284

单位：件

图 1-3 中国渐冻人症相关专利技术布局方向

5. 谁是中国最强的申请人？中国本土申请人谁领先？

我们通过分析检索结果发现（表 1-1），沃泰克斯药物股份有限公司目前的渐冻人症相关专利申请数量最多，达到 102 件，且有效专利最多，其中 CN200580028055.2、CN200910206576.2、CN201310486314.2、CN201010243775.3、CN200910206575.8、CN201010243781.9 这 6 篇专利的同族数量庞大，超过了 50 篇，可见其专利价值非同一般。

中国的河北以岭医药研究院有限公司在渐冻人症相关专利申请方面也表现不俗，共申请了 CN201010033361.8、CN200410096779.8、CN201019110009.7、CN200910175342.6、CN201010200771.7 等 5 件中药专利。

表 1-1 中国渐冻人症相关专利重点申请人专利列表

申请号	名称	申请日	法律状态	申请（专利权）人
CN200580028055.2	ATP-结合弹夹转运蛋白的调控剂	2005-06-24	授权	沃泰克斯药物股份有限公司
CN200910206576.2	用作 JAK 和其它蛋白激酶抑制剂的氮杂吲哚	2005-03-30	授权	沃泰克斯药物股份有限公司

续表

申请号	名称	申请日	法律状态	申请(专利权)人
CN201310486314.2	用作 JAK 和其它蛋白激酶抑制剂的氮杂吲哚	2005-03-30	在审	沃泰克斯药物股份有限公司
CN201010243775.3	ATP-结合弹夹转运蛋白的调控剂	2005-06-24	授权	沃泰克斯药物股份有限公司
CN200910206575.8	用作 JAK 和其它蛋白激酶抑制剂的氮杂吲哚	2005-03-30	在审	沃泰克斯药物股份有限公司
CN201010243781.9	ATP-结合弹夹转运蛋白的调控剂	2005-06-24	在审	沃泰克斯药物股份有限公司
CN201010033361.8	一种中药冻干注射剂中活性化合物含量的测定方法	2010-01-12	转移/授权	河北以岭医药研究院有限公司
CN200410096779.8	一种治疗肌肉萎缩及重症肌无力的药物及其制备方法	2004-12-08	转移/授权	河北以岭医药研究院有限公司
CN201019110009.7	一种中药冻干注射剂定性的测定方法	2010-02-08	授权	河北以岭医药研究院有限公司
CN200910175342.6	一种中药冻干注射剂及其制备方法	2009-12-15	在审	河北以岭医药研究院有限公司
CN201010200771.7	一种中药冻干注射剂中有机溶剂残留的测定方法	2010-06-17	在审	河北以岭医药研究院有限公司

全世界对渐冻人的关注越来越多，新的专利技术也不断出现，希望这些专利能尽快转化成临床使用的药物，提供给患者使用，衷心希望每一个渐冻人都能得到及时有效的治疗！

（数据来源：知识产权出版社咨询培训中心 i 智库，截至 2014 年 8 月 26 日）

（撰稿人：甘子珍）

抑郁症来袭，专利有所作为

据媒体报道，一对受过高等教育的姐妹花在 2 年时间内，由于患有重度抑郁症，先后跳楼自杀了。可以说抑郁症正在扮演着无形杀手的角色，吞噬着一个个宝贵的生命。据相关部门统计，我国每年有 28.7 万人自杀死亡，其中高达 70% 的人是因为抑郁症。也就是说，在我国每 3 分钟至少有一个抑郁症患者自杀死亡。

工作和生活的压力，加大了人们患抑郁症的风险。除了需要自我调节身心健康外，必要的预防和治疗措施同样不可或缺。目前，抑郁症的治疗主要依靠药物治疗、心理治疗和物理治疗。越来越多的科学家正致力于采取科技手段攻克抑郁症这个无形杀手。

我们通过 search.cnipr.com 对抑郁症的相关中国专利进行检索发现，相关专利申请量已经超过万余件，内容涉及有关抑郁症的治疗、诊断、预防、防护等诸多方面：

——从专利申请情况来看，2006—2010 年是相关专利申请的高峰期，自 2011 年起，申请量逐年下降，从侧面表明，有关抑郁症的研究可能陷入瓶颈期。

——从技术构成看，专利主要涉及医学、有机化学、生物化学、检测、装置等诸多领域。

——从申请人看，目前在中国，主要技术仍掌握在国外大型制药企业手中，如弗·哈夫曼-拉罗切有限公司（罗氏公司）、阿斯利康（瑞典）有限公司、诺瓦提斯公司、惠氏公司、詹森药业有限公司、辉瑞公司、伊莱利利公司、先灵公司、H. 隆德贝克有限公司、默克公司等，国内申请主要集中在中药防治领域以及治疗装置等，国内研究者的自主创新能力还需不断提高。

值得一提的是，中华民族的瑰宝——中医药，在抗抑郁中正在发挥独特的作用。2007年8月，由中国科学院昆明植物研究所、中国科学院昆明动物研究所、昆明晶镖生物科技有限公司合作申请了题为"一种抗抑郁药物及其应用"（专利号：CN200710066088.7）的专利，其有效成分就是从传统中药仙茅中分离得到的小分子化合物奥生乐赛特，该专利于2010年2月获得授权（图1-4）。

□ 1.一种抗抑郁药物	发明授权	有效

申请号：CN200710066088.7　　　　　　　　申请日：2007.08.03

公开(公告)号：CN100586429C　　　　　　　公开(公告)日：2010.02.03

申请(专利权)人：中国科学院昆明植物研究所;中国科学院昆明动物研究所;昆明晶镖生物科技有限公司

分类号：A61K31/05(2006.01)I;A61K31/085(2006.01)I;A61K31/7032(2006.01)I;A61P25/24(2006.01)I;A23L1/30
(2006.01)I

优先权：

摘要：提供一种抗抑郁药物，含有苔黑酚-1-氧-β-D-葡萄糖吡喃苷或苔黑酚及其衍生物及可药用载体和赋形剂，以及它在制备抗抑郁药物中的应用和在制备功能食品中的应用。

图1-4　专利 CN200710066088.7 相关检索信息

一年后，上述机构又将该抗抑郁药物申请了PCT专利，题为"1,5-甲基-1,3苯二酚或其衍生物用于制备治疗或预防抑郁症的药物或功能食品中的用途"（专利号：CN200880023868.6，国际专利公布号：WO/2009/018747）。该专利于2010年1月进入中国国家阶段，并于2013年1月获得授权（图1-5）。

□ 1.5-甲基-1,3苯二酚或其衍生物用于制备治疗或预防抑郁症的药物或功能食品中的用途	发明授权	有效

申请号：CN200880023868.6　　　　　　　　申请日：2008.07.25

公开(公告)号：CN101742992B　　　　　　　公开(公告)日：2013.01.23

申请(专利权)人：中国科学院昆明植物研究所;中国科学院昆明动物研究所;昆明晶镖生物科技有限公司

分类号：A61K31/05(2006.01)I;A61K31/085(2006.01)I;A61K31/7032(2006.01)I;A61P25/24(2006.01)I;A23L1/30(200
6.01)I

优先权：2007.08.03 CN 200710066088.7

摘要：5-甲基-1,3苯二酚及其衍生物或含有它们的药物组合物用于制备治疗或预防抑郁症的药物或功能食品中的用途。研究表明，本发明的5-甲基-1,3苯二酚及其衍生物与抗抑郁症药物氟西汀或丙咪嗪相比具有较强的抗抑郁症活性。

图1-5　专利 CN200880023868.6 相关检索信息

目前该药物在国内已获得Ⅰ期、Ⅱ期、Ⅲ期临床试验批件。相信，该药物将会给抑郁症患者带来新的希望。

随着科学的进步和先进技术的诞生，在抑郁症方面会出现更有效的治疗技术，帮助人们摆脱抑郁症的阴影，使我们的生活充满阳光，人类的身心更加健康！而采取专利保护无疑是保护发明创造最有效的手段！

（撰稿人：王向红）

抢票风云起，谁家专利强？

随着春节的临近，在外漂泊的游子将纷纷踏上回家的旅途，一枚枚小小的车票也承担起让万千家庭团聚的重任：一端是家中亲人的殷殷盼望，另一端则是在外游子的似箭归心，若是缺少了系于其间的车票，怎能不让两厢里心急如焚。如今，抢票已经成了春节前必不可少的一项"盛事"，一番鏖战下来，真可谓是几家欢喜几家愁。从2012年起，随着网络购票在春运中的首次出现，抢票大战的格局也随之一变，催生出大批的抢票工具，让我们一睹这些神奇宝贝背后的专利秘密。

1. 360浏览器："拼上一切送你回家"

从2011年开发出第一版抢票插件起，拥有这一神器的360浏览器就成为很多人不离不弃的小伙伴。我们通过检索发现，北京奇虎科技有限公司和奇智软件（北京）有限公司于2013年和2014年共申请了4件发明专利，均进入实质审查阶段。其中最早公开的专利是"浏览器访问售票网站的方法和装置"（CN201310159632.8），公开日为2013年8月14日。其介绍如下（图1-6）：

"通过本发明，本地用户能够访问其他区域负载较低的售票网站的缓存服务器，避免访问拥塞的售票网站服务器，增加用户的抢票成功率，同

时实现了售票网站缓存服务器的负载均衡。并且，IP 地址列表由服务器进行更新，保证用户实时地访问到负载较低的缓存服务器，提高用户访问售票网站的速度。"

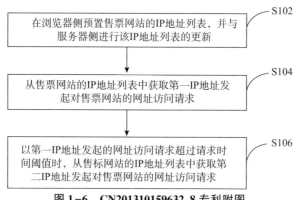

图 1-6　CN201310159632.8 专利附图

遥想当年抢票插件诞生时的争议，360 浏览器正通过专利保护来确保其光明正大地行走在抢票界，免除后顾之忧。

2. 天下英雄，尽入抢票大业

虽然 360 浏览器吸引了大票粉丝，但是也绝非一枝独秀。它的主要竞争对手有搜狐浏览器、百度浏览器及猎豹浏览器等。每家浏览器在抢票上都身怀绝技，并借此吸引到不少忠诚的小弟。但通过对搜狐浏览器、百度浏览器及猎豹浏览器的专利检索，并未发现一件与抢票有关的专利。

在 2015 年春运前夕，Nubia 宣布其递交了命名为"移动终端快速购票"的专利申请，至此通信业的巨头中兴通讯也加入到了这场热闹非凡的大战中来。在当前竞争越来越激烈的互联网时代，专利纠纷与日俱增，专利将成为互联网企业生存和发展的核心力。各大公司在跑马圈地的同时也不要忘记使用专利这个有效的创新保护工具。

3. "铁老大"坐上了"淘宝车"

更让人欣喜的是，就在各大互联网公司陷入乱战的同时，12306 也在进行积极的努力。日前，为了缓解购票压力，12306 已经决定携手阿里巴巴共战春运。我们通过专利检索发现两件阿里巴巴提出的发明申请，其中在 2014 年 4 月 16 日公开的专利申请 CN201210382054.X "票务信息的搜索方法及服务器"处于实质审查阶段（图 1-7）。阿里巴巴希望通过该专利可以提高票务信息在本地存储时缓存时间上的合理性，减轻票务中心服务器的访问负担。

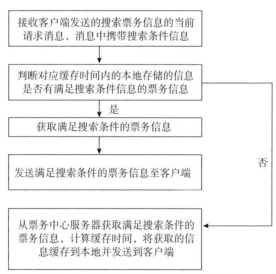

图 1-7 CN201210382054.X 专利附图

"拼上一切"也好，搭上了"淘宝车"也罢，对于漂泊的游子来说，能够顺利买上回乡的车票始终是压倒一切的大事。希望各大公司在开发抢票工具的同时，能够良性竞争，修好内功，不断提升抢票背后的技术水平，做好专利保护工作，这样才能真正为广大游子谋福利，为自家创利！

（撰稿人：潘蓉 张余华）

专利"抗击"过敏性鼻炎

秋天对于过敏性鼻炎患者,每天都是个"难熬"的日子,我们试图从专利角度来查找治疗过敏性鼻炎的最新技术,希望对患者有所帮助。

1. 过敏性鼻炎是如何引起的?

过敏性鼻炎即变应性鼻炎,是由基因与环境互相作用而诱发的多因素疾病,危险因素可能存在于所有年龄段。引发鼻过敏的原因,就中医来说是属"脾、肺、肾"三脏腑之虚弱。就现代人观点看来,过敏性鼻炎与自体免疫功能低下有关,而免疫功能指的是有外来病毒、细菌入侵时的身体抵抗力。空气中的尘埃、室内的尘螨、花粉、动物皮毛、食物等因素都可能引起过敏。据统计报道,过敏性鼻炎的国内发病率在5%~15%,我国目前约有各类过敏性鼻炎患者1亿人,因此产生了大约2 000万的哮喘患者。

2. 哪些申请人申请了过敏性鼻炎的专利技术?

通过 search. cnipr. com 进行检索发现,中国在过敏性鼻炎方面的专利申请多达793件,有368件专利未失效,在这些专利里,跨国公司葛兰素、塞诺菲-安万特申请最多,主要集中在化合物药物的专利申请;中国的浦易(上海)生物技术有限公司的专利申请主要集中在医疗器械上;广东药学院主要集中在中药领域。

3. 专利技术主要有哪些?法律状态如何?

已公开的中国专利中,有183件获得授权,185件处在公开或实审阶段;12件授权专利发生了专利权转移、4件授权专利发生了实施许可,2件公开专利发生了申请权转移。已公开中国专利涉及中药的最多,包括中药滴鼻剂、口服药、鼻塞、茶、注射液、外用鼻炎膏、穴位贴剂、鼻喷剂、食疗药方等。

我们从中进一步筛选了几篇有趣又实用的专利，与大家分享（表1-2）。其中，广东的万勤劳申请了3篇药食两用的关于豆豉、豆皮、腐乳的专利，并获得了授权；山东的吴长岩申请了1篇中药穴位贴剂专利，并在获得授权后，将专利权转移给了如东科技中心；广东药学院和吉林省辉南天泰药业股份有限公司分别申请了1篇外用制剂专利，贵州的宋敏还申请了1篇药茶专利，这些专利均获得了授权。

不过，在此提醒大家，在使用专利技术的同时，千万注意不要侵权！《中华人民共和国专利法》（以下简称《专利法》）第十一条明确规定："发明和实用新型专利权被授予后，除本法另有规定的以外，任何单位或者个人未经专利权人许可，都不得实施其专利，即不得为生产经营目的制造、使用、许诺销售、销售、进口其专利产品，或者使用其专利方法以及使用、许诺销售、销售、进口依照该专利方法直接获得的产品。"

表1-2 中国过敏性鼻炎相关专利列表

申请号	名称	公开（公告）日	申请日	法律标引	申请（专利权）人
CN201210053294.5	一种含有中草药配方的保健黑豆豆豉及其生产工艺	2012-07-18	2012-03-02	授权	万勤劳
CN201210049692.X	一种含有中草药配方的保健豆皮及其生产工艺	2012-07-18	2012-02-29	授权	万勤劳
CN201210047656.X	一种含有中草药配方的保健腐乳及其生产工艺	2012-07-18	2012-02-28	授权	万勤劳
CN201110117606.X	一种治疗变应性鼻炎的中药穴位贴敷贴剂及其制备方法	2011-09-21	2011-04-27	授权/转移	吴长岩

续表

申请号	名称	公开（公告）日	申请日	法律标引	申请（专利权）人
CN200810198529.3	一种鼻腔表面制剂	2009-02-11	2008-09-16	授权	广东药学院
CN200810050958.6	辛夷挥发油鼻喷剂	2008-12-03	2008-07-11	授权	吉林省辉南天泰药业股份有限公司
CN200510003307.8	一种治疗鼻腔患疾的药茶	2006-06-14	2005-12-06	授权	宋敏

过敏性鼻炎随着季节变换不断发生，严重影响了我们的生活，通过专利分析可知，目前最有效的方法还是通过药物治疗，中药是个不错的选择，而信奉西药的患者可选葛兰素、塞诺菲-安万特等公司的专利药！

（数据来源：知识产权出版社咨询培训中心 i 智库，截至 2014 年 9 月 3 日）

（撰稿人：甘子珍）

为"来自星星的孩子"申请的专利

自闭症又称孤独症，被归类为一种由于神经系统失调导致的发育障碍，其病征包括不正常的社交能力、沟通能力、兴趣和行为模式。自闭症患儿被叫作"来自星星的孩子"，他们就像天上的星星，在遥远而漆黑的夜空中独自闪烁着。全球约有 3 500 万人患有自闭症。

2007 年 12 月联合国大会通过决议，从 2008 年起，将每年的 4 月 2 日定为"世界自闭症关注日"，以提高人们对自闭症和相关研究与诊断以及自闭症患者的关注。

虽然自闭症目前没有任何药物或者手术可以治愈，但人类仍在坚持不懈地努力，希望能解决这个世界性难题！

我们从 search. cnipr. com 上检索到有关自闭症的中国专利 516 件，得以了解中国在自闭症的防治方面所取得的技术进展！

自闭症领域的专利主要为药物专利，而在药物方面取得突破的公司有丹麦神经研究公司、美国辉瑞制药、美国惠氏公司、瑞士霍夫曼-拉罗奇有限公司（罗氏）和日本的大塚制药株式会社，而中国本土的西药研发相对落后，研究方向主要是治疗仪、训练系统和中药制剂。

另外我们还发现相关诊断技术也有了发展，加利福尼亚大学董事会申请的专利 CN201080044590.8 中涉及对胎儿的诊断技术，这对早期的预防有积极的作用（图 1-8）。

□ 1.诊断和治疗自闭症的方法	发明专利	在审

申请号： CN201080044590.8 **申请日：** 2010.08.12
公开(公告)号： CN102576022A **公开(公告)日：** 2012.07.11
申请(专利权)人： 加利福尼亚大学董事会
分类号： G01N33/564(2006.01)I;G01N33/68(2006.01)I
优先权： 2009.08.14 US 61/234,110
摘要： 本发明提供了用于在胎儿或儿童中测定自闭症谱系障碍(autism spectrum disorder，ASD)发生风险的诊断方法，其通过在来自母亲的生物样品中检测与一种或更多种选自以下的生物标志物相结合的抗体来进行：乳酸脱氢酶(LDH)、鸟嘌呤脱氨酶(GDA)、脑衰蛋白反应调节蛋白1(collapsin response mediator protein 1，CRMP1)、应激诱导磷蛋白1(STIP1)、刺端肌动蛋白结合蛋白CapZ的α亚基(alpha subunit of the barbed-end actin binding protein Cap Z，CAPZA2)、Y盒结合蛋白1(YBX1)、真核翻译和延伸因子1A1(EEF1A1)、微管相关蛋白Tau(MAPT)、二氢嘧啶酶样蛋白2(DPYSL2)、发动蛋白1样蛋白(DNM1L)、根蛋白(RDX)、膜突蛋白(MSN)和埃兹蛋白(EZR)。本发明还提供了预防或降低胎儿或儿童ASD发生风险的方法，其通过向母亲施用阻断母体抗体与一种或更多种上述胎儿生物标志物结合的试剂来进行，或者通过从母亲中除去与所述一种或更多种胎儿生物标志物结合的抗体来进行。

图 1-8 专利 CN201080044590.8 相关检索信息

目前看来，国外药企已取得较大的技术突破，对中国市场非常重视，已经或即将在中国推出相关药物，在未来的药物市场形成垄断之势！众所周知，药物研发投入高、周期长、风险大，中国药企的研发投入无法跟国外知名药企相匹敌。希望未来政府能加大资金支持用于自闭症的相关技术研究，也希望中国药企能有所突破，让来自星星的孩子不再孤单！

（撰稿人：杨青）

防晒，夏日永不落幕的话题

夏日炎炎似火烧，炽热阳光实难熬。阳伞墨镜防晒霜，功课做足显奇效。万物生长靠太阳。阳光带给我们光明和温暖，帮我们杀菌、消毒，促进钙质吸收，总之优点太多，然而，阳光中的 UVA、UVB 也会使皮肤晒黑、晒伤。研究表明，皮肤癌的发病率与阳光有着密不可分的联系。

炎炎烈日下，带有防晒功能的化妆品是夏季"惧黑族"们防晒必备武器。利用 search. cnipr. com 检索发现，有近 2 000 件与防晒化妆品有关的中国专利。

1. 前十申请人中，国外公司占九席，多为化妆品行业巨头

前十申请人中，国外公司占九位，多为化妆品行业巨头企业。中国唯一进入前十申请人行列的上海应用技术学院是一所普通高校，即便将专利申请人排名扩大到前十五位，其他中国申请人的身影也是芳踪难觅。看来中国化妆品企业想追上国外化妆品企业巨头的步伐并不容易（图 1-9）。

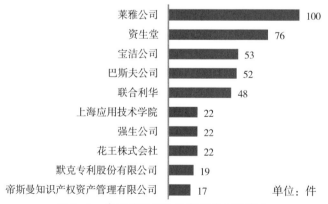

申请人	件
莱雅公司	100
资生堂	76
宝洁公司	53
巴斯夫公司	52
联合利华	48
上海应用技术学院	22
强生公司	22
花王株式会社	22
默克专利股份有限公司	19
帝斯曼知识产权资产管理有限公司	17

单位：件

图 1-9 中国防晒化妆品专利前十申请人

2. 国外来华专利申请多以 PCT 专利申请进入中国

国外来华专利申请中，PCT 发明专利占比远远高于中国 PCT 发明专利占比，看来国外专利申请人很看重中国市场，纷纷来华布局（图 1-10）。

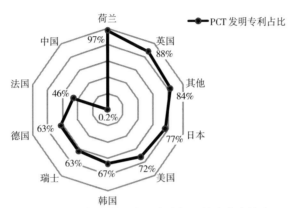

图 1-10　中国防晒化妆品专利中国本土申请与国外来华申请中 PCT 发明占比

3. 国外来华有效专利占比高

从有效专利占比看，瑞士、韩国、日本及荷兰的有效专利占比均高于中国，其中瑞士有效专利占比最高，为 53.1%（图 1-11）。

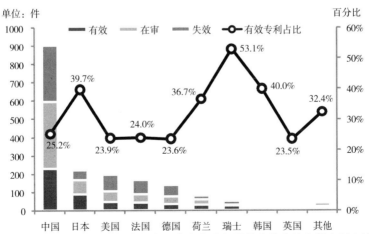

图 1-11　中国防晒化妆品专利中国本土申请与国外来华申请有效专利占比

经过以上分析可以看到，在中国，具有防晒功能化妆品的国外来华专利申请具有如下特征：

（1）国外化妆品企业巨头专利申请量大；

（2）PCT 发明专利占比高；

（3）专利有效性高。

以上分析表明，国外来华专利申请数量和质量均优于中国本土申请，而这背后定然存在研发投入和技术水平的巨大差异。在中国化妆品市场上，大牌化妆品售价高于杂牌化妆品，洋品牌售价高于国有品牌，如果从专利的角度看，也就不足为奇了。

（数据来源：知识产权出版社咨询培训中心 i 智库，截至 2014 年 8 月 11 日）

（撰稿人：王向红）

小彩票里的专利大智慧

2015 年 1 月 25 日晚，双色球开奖"爽约"，福利彩票"双色球"第 2015011 期在没有事先预告的情况下突然取消。从 25 日晚间到 26 日，中国福利彩票发行管理中心和中彩网、中彩网官方微博多次发布"紧急通知""情况说明""公告"。一时间，一石激起千层浪，彩票业引起多方关注。

彩票发展历史悠久，16 世纪，意大利即产生彩票市场，发展至今，世界上已经有 139 个国家和地区发行彩票。发行彩票的初衷是为了支持社会公益和社会保障事业，发行彩票秉承合法形式、公平原则，以重新分配社会的闲散资金，协调社会的矛盾和关系。

我国彩票发展始于 1987 年，第一批福利彩票在河北省石家庄市销售，当年彩票销售额即达到 1 740 万元，此后彩票在我国发展快速，根据财政部公布的数据，2014 年我国全年福利彩票和体育彩票合计销售额达到 3 823.78

亿元，27 年的时间，销售额翻了两万倍，彩票的发展速度和规模可谓巨大。那么，在关注彩票销售额的同时，彩票背后的专利状况又如何呢？

search. cnipr. com 数据显示，第一件与彩票相关的专利由日本申请人藤田一昭申请，其在 1985 年申请了实用新型专利 CN85205472，名称为"彩票标签"。

而来自国内申请人的第一件与彩票相关的专利是云南的冯紫阁于 1987 年申请的实用新型专利 CN87211045，名称为"装有蝶式出球阀门的摇奖机"。

从专利类型分布情况来看，彩票领域实用新型专利申请总量为 486 件，占比为 45%，发明专利申请总量为 434 件，占比为 40%，发明占比低于实用新型占比（图 1-12）。

图 1-12 彩票领域专利申请类型分布状况

从专利的申请年份看，有关彩票的专利在 2000 年以前较少，2000 年之后申请量稳步上升（图 1-13）。

从专利申请人情况来看，来自广东的黄武昌专利申请量最高，达到 133 件，其在彩票领域进行技术创新始于 2004 年，同年其申请第一件专利 CN200420088358.6，名称为"彩票中奖号码记录装置"。

黄武昌的彩票专利历程，可以用一首他自己的打油诗来概括——企业失败我难忘，泪襟衣裳汝来帮。酸甜苦辣贫穷苦，度日如年岁月长。宏图大展壮志扬，"记录装置"好处方。奇思妙想"雷门所"，专利申请奔小康。

单位：件

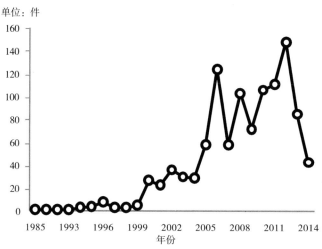

图 1-13　彩票领域专利申请趋势

近年来，我国每年发行的彩票近万种，公众通过购买彩票寄托小小的憧憬，梦想着改变生活，而与此同时，这也给了不法分子可乘之机，在彩票兑奖时，时时出现通过篡改彩票而骗取奖金的现象。

自我国发行福利彩票伊始，票种印制管理技术与挖补破译彩票之间的博弈便从未停止。针对伪造、变造彩票日益猖獗的现象，我国的彩票防伪技术也随之发展，从专利技术分布情况来看，约3%的彩票专利涉及彩票安全、防伪（表1-3）。

表 1-3　彩票安全、防伪专利

申请号	名称	申请（专利权）人	申请日
CN96217185.9	彩票式防伪装置	樊英杰	1996-07-23
CN200410015414.8	一种采用彩民卡进行电话投注的彩票发行方法	常平	2004-02-20
CN200510116851.3	采用无线数据通信方式进行彩票投注的方法	深圳市彩移信息技术有限公司	2005-10-31
CN200610166005.7	幻方多功能数码信息防伪标签及其防伪方法	谢涛	2006-12-31
CN200620051535.2	多功能数码防伪标签	谢涛	2006-06-30

申请号	名称	申请（专利权）人	申请日
CN200710143856.4	可查询数字安全线防伪有奖发票、制作、兑奖方法和系统	陆航程	2007-08-06
CN200810066070.1	银行自助彩票销售系统及其方法	深圳环彩普达科技有限公司	2008-02-03
CN200910084407.6	一种包含防伪线的防伪材料及其制作方法	李华容	2009-05-13
CN200910148110.1	一种新型的综合性防伪方法	徐青龙	2009-06-22
CN201010188769.2	一种有效安全验证的彩票销售兑奖方法	华东交通大学	2010-06-01
CN201020619306.2	带有指纹识别装置的彩票机	北京长城高腾信息产品有限公司	2010-11-23
CN201020684760.6	可刮式镭射全息防伪箔	上海申永烫金材料有限公司	2010-12-28
CN201080037272.9	基于因特网和移动技术的安全彩票系统和方法	安姆普拉公司	2010-06-16
CN201110239668.8	基于指纹验证的自助型彩票投注系统	张建华	2011-08-19
CN201110260720.8	一种保证电脑彩票交易信息安全的方法	中体彩科技发展有限公司	2011-09-05
CN201110367338.7	一种彩票防伪方法	福建鸿博印刷股份有限公司	2011-11-18
CN201120361718.5	一种多用彩票卡纸	上海盛惠纸塑有限公司	2011-09-26
CN201120547555.X	一种具有防伪功能的彩票白卡纸	珠海经济特区红塔仁恒纸业有限公司	2011-12-24
CN201210108277.7	一种基于公共密钥的互联网彩票系统安全链路实施方法	江苏新彩软件有限公司	2012-04-13
CN201210145745.8	一种彩票自动开奖系统及开奖方法	深圳市永恒乐彩科技开发有限公司	2012-05-11
CN201210180254.7	基于安全TF卡的手机彩票的安全与认证方法	郑州信大捷安信息技术股份有限公司	2012-06-04

续表

申请号	名称	申请（专利权）人	申请日
CN201210180261.7	基于可信第三方的增强网络彩票交易安全性的方法	郑州信大捷安信息技术股份有限公司	2012-06-04
CN201210224467.5	基于云计算平台的无线视频彩票终端系统	中福在线（北京）网络科技有限公司	2012-06-28
CN201210523555.5	一种基于虹膜识别的互联网彩票安全交易及兑奖方法	江苏新彩软件有限公司	2012-12-07
CN201220604348.8	带验钞及验伪功能的彩票阅读器	深圳市乐州光电技术有限公司	2012-11-15
CN201310002192.5	彩票数据的加密方法及系统	深圳市思乐数据技术有限公司	2013-01-05
CN201310286917.8	一种视频彩票投注终端机 USB 输入设备监控和识别的方法	东莞天意电子有限公司	2013-07-09
CN201310465745.0	一种基于静脉识别的互联网彩票安全交易和兑奖系统及方法	新彩软件无锡有限公司	2013-10-09
CN201310465828.X	一种基于签名识别的互联网彩票安全交易和兑奖系统及方法	新彩软件无锡有限公司	2013-10-09
CN201310466045.3	一种基于掌纹识别的互联网彩票安全交易和兑奖方法	新彩软件无锡有限公司	2013-10-09
CN201310466300.4	一种基于视网膜识别的互联网彩票安全交易和兑奖方法	新彩软件无锡有限公司	2013-10-09
CN201320514524.3	一种游戏彩票打印机	谢宁东	2013-08-21
CN201410084505.0	一种电子即开型彩票防伪方法	北京壹平台科技有限公司	2014-03-10

随着彩票规模的扩大，我国彩民的数量也越发庞大，希望广大彩民理性买彩，快乐享受，切勿沉迷于彩票，幻想一夜暴富，违背彩票发行初衷。

（数据来源：知识产权出版社咨询培训中心 i 智库，截至 2015 年 1 月 29 日）

（撰稿人：亢娅丽　刘宁）

第二章

节日中的专利

五一特辑：家务中的发明创造

国际劳动节又称"五一国际劳动节"，是世界上 80 多个国家的全国性节日，定在每年的 5 月 1 日，是全世界劳动人民共同拥有的节日。

在为了劳动产生的节日里，我们来看看有哪些创新可以帮助我们减轻劳动的强度呢？

1. 能够吸尘的裤子

红豆集团无锡南国企业有限公司申请的 CN201320543423.9 专利（图 2-1）是一种能够吸尘的裤子，在裤脚处附设有拖布，穿上这种裤子在家里自由走动，既可以实现锻炼身体的目的，同时还可以将地面整理打扫干净。

穿这样的裤子比较省心，但似乎技术方案没有提到如何清洗，如果是连着裤子和拖布一起洗，可比较毁裤子呀。截至 2014 年 4 月 30 日，这件专利仍然有效，如使用，需要得到红豆集团无锡南国企业有限公司的许可。

2. 带有抹布功能的手套

湖州吉昌丝绸有限公司申请的 CN201220302530.8 专利（图 2-2）是一种带有抹布功能的手套，包括橡胶套内层和棉布外层，做家务时可直接戴在手上，橡胶内层防止手接触到冷水或刺激性的洗涤剂，保护双手，棉

布外层可擦洗家具、餐具。手套与抹布一体，这是个不错的创意，但同样面临着清洗的问题，棉质抹布和橡胶手套，可以一起清洗吗？截至 2014 年 4 月 30 日，这件专利还是有效状态，使用技术需要得到湖州吉昌丝绸有限公司许可。

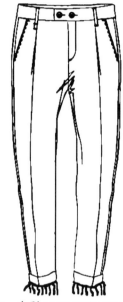

图 2-1　专利 CN201320543423.9 附图

图 2-2　专利 CN201220302530.8 附图

3. 带按摩功能的拖鞋

王意勐申请的 CN201220671479.8 专利（图 2-3）是一种拖鞋，鞋底板表面设有穴位按摩凸垫，鞋底板底面设有擦洁布。穿着拖鞋用力擦地的时候，鞋底板的表面凸垫能对脚进行按摩。

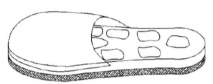

图 2-3　专利 CN201220671479.8 附图

做家务的同时可以保健身体，这是不错的创意。截至 2014 年 4 月 30 日，这件专利是有效状态，那么在市场上出售类似拖鞋，有可能存在侵权风险。

4. 双层真空保温理疗靴子

张弛申请的 CN201120166579.0 专利（图 2-4）是一种双层真空保温理疗靴子，靴子为双层结构，内装有中药泡脚水，双层之间是保温耐压石棉柱。穿上靴子可以泡脚，同时也可以室内走动、干家务。

在靴子里泡脚，真是天马行空的想法呀。截至 2014 年 4 月 30 日，这件专利也是有效状态，技术方案仍受法律保护，如果是你，会买这样的靴子吗？

5. 免熨裤架

赵秀伟申请的 CN97223479.9（图 2-5）是一种免熨裤架，专用于晾晒裤子，晾晒时将裤子套在裤架上调整好后，裤子即紧绷在裤架上无须熨烫处理。

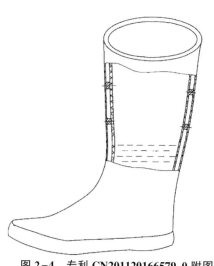
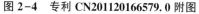
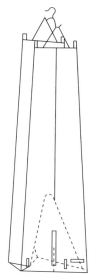

图 2-4　专利 CN201120166579.0 附图　　图 2-5　专利 CN97223479.9 附图

这个方案对于不愿熨烫的懒人而言，真是使用方便，不过，这样晾晒的裤子是否容易变形呢？这件专利目前处于失效状态，技术方案可以无偿使用。

以上五件专利的技术方案都是为了减轻家务劳动的负担而设计的，是否真的帮你减轻了家务劳动的辛苦？

（数据来源：知识产权出版社咨询培训中心 i 智库，截至 2014 年 4 月 30 日）

（撰稿人：肖丽）

2014 足球世界杯中的专利之智能足球鞋

2011 年，阿迪达斯发布了全球首双配备了 miCoach 功能的 adizero f50 足球鞋。这双被称为"有大脑"的足球鞋，率先将智能科技引入竞技领域，并在 2014 年的巴西完成了自己的世界杯首演。

这款智能足球鞋在鞋底设计了特制的凹槽，用于放置 miCoach 速度传感器。这一传感器可以捕捉到球员 360°的动作，并记录下瞬间速度、平均速度、最快速度、冲刺次数、移动距离、高强度水平下的移动距离、步伐及步幅率等关键指标，帮助球员和教练更精准地对场上表现做出分析。此款球鞋在亚马逊网站的报价为 219.99 美元。

虽说阿迪达斯在 2011 年才发布智能足球鞋的产品，其实很早之前阿迪达斯就在这个领域进行技术储备了，并已构建完善的专利保护，我们通过 search.cnipr.com 为你揭露隐藏在产品中的技术玄机。

早在 2005 年，阿迪达斯就申请了一项关于鞋的智能系统的专利 CN200510059652.3（图 2-6），这种智能系统不需要人工介入，就能随着鞋子所处的环境调节鞋子的特性。系统可以持续地感知穿鞋者在生物力学上的需要，并随之把鞋子调整到最佳形态不变。2007 年，阿迪达斯在此专利基础上又进行了连续申请 CN201110002578.7。

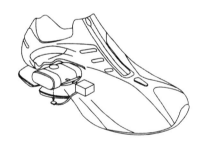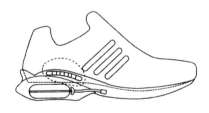

图 2-6 专利 CN200510059652.3 附图

阿迪达斯在 2006 年申请的专利 CN200610065256.6（图 2-7）中，披露了可容纳电子装置的鞋，这种鞋能安全地容纳诸如电子计步器、加速计或速度传感器的电子装置，此发明还提供了一种罩壳，能将电子装置安全地安装在鞋上，持久地保护电子装置，使它不受损伤。而电子装置以无线方式与用户接口通信。

图 2-7　专利 CN200610065256.6 附图

阿迪达斯而后在 2008 年申请专利 CN200810210817.6（具有运动球的运动电子训练系统及其应用），2010 年又提出两件专利申请，分别是专利 CN201010173936.6（具有显示器的便携式健身监测系统及其应用）以及其分案申请 CN201210374870.6。

监测系统将心率传感器、加速计、步数计、脉搏计、温度计、高度计、压力传感器、应变计、自行车功率计、自行车曲柄或车轮位置传感器以及其他检测表现参数的传感器均广泛纳入系统。

阿迪达斯通过这三件专利的布局将智能球鞋已纳入运动监测系统中，将多种参数和多个穿戴设备结合起来，可以说对智能球鞋的应用技术也做好了专利布局。

看来，科技改变了生活也改变了竞技体育，仅仅靠传统的训练方式无法达到更好的训练效果，未来更快、更高、更强的目标要靠高科技来实现了！没准有了智能足球鞋的帮助，中国足球再次打入世界杯！国内要进军智能球鞋领域的企业也要注意了，起码要研究下阿迪达斯的专利了！

（数据来源：知识产权出版社咨询培训中心 i 智库，截至 2014 年 4 月 30 日）

（撰稿人：杨青）

2014 足球世界杯中的专利之黄油手

世界杯球场上门将的黄油手往往会导致球队输球，因此黄油手一直是每个门将竭力避免的。而导致黄油手的除了主观原因外，手套的防滑性能也是其中的一个关键原因。

虽然中国国足总是被世界杯拒之门外，但中国公司仍在对足球装备（如守门员手套）积极进行研发。即使他们明确知道其产品根本无法进入世界杯赛场也无法阻挡他们的热情。

继上届世界杯的黄油手后，不少公司又针对守门员的手套进行技术研发，通过检索 search.cnipr.com 发现，中国又涌现出不少关于守门员手套的先进的技术，其中发明专利 2 件，实用新型专利 15 件，外观设计专利 1 件（图 2-8）。

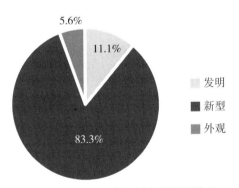

图 2-8 守门员手套领域专利类型状况

2010—2014 年，在中国申请相关专利的公司只有四家，共申请专利 9 件，其中发明专利 2 件。阿迪达斯在中国没有进行相关专利申请，但其在欧专局有专利布局。

守门员手套的专利申请中有 11 件专利是主要针对手套的防滑性能进行技术改进的，防滑性能的提升是靠手套面料或手套结构的改进来实现的

（图 2-9）。这 11 件专利仅有两个申请人为公司，赛沃纳如 6 件专利均为手套面料，扬州动易运动用品有限公司的 1 件专利也为手套面料（图 2-10）。

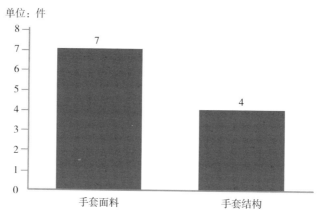

图 2-9　守门员手套领域专利申请技术分布状况

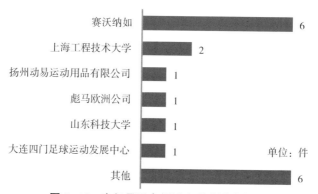

图 2-10　守门员手套领域专利申请人状况

随着守门员手套技术研发的不断深入，手套防滑性能不断提升，但能否从根本上解决黄油手还有待考证，或许阿金费耶夫下次参加世界杯时就能将皮球稳稳抱牢。

（数据来源：知识产权出版社咨询培训中心 i 智库，截至 2014 年 4 月 30 日）

（撰稿人：桑芝芳）

中秋月明：月饼专利知多少？

每逢佳节倍思亲，每逢中秋必吃月饼！月饼在中国的历史悠久，据说早在殷商时期，就出现了月饼的始祖。北宋之时，月饼在宫廷内流行，也流传到民间。苏东坡有诗云："小饼如嚼月，中有酥和怡。"而到了明代，月饼逐渐成为中秋的必备食品。清代，中秋吃月饼成为普遍习俗，并且制作技术也越来越高。拥有上千年历史的月饼发展到今天又有哪些变化呢？让我们透过专利来"品品"月饼！

1. 包装专利为主，月饼由食品成为礼品

在 search. cnipr. com 检索到月饼的相关专利 5 705 件，其中 88.4%的专利为外观设计专利，即涉及月饼包装材料的外观专利，发明专利和实用新型专利分别占 7.9%和 3.7%（图 2-11）。

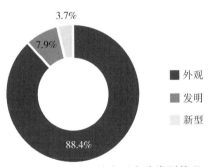

图 2-11　月饼领域专利申请类型状况

而在这超过 5 000 件的专利中，有效专利仅有 1 723 件，超过 3 000 件专利因专利权终止而失效。可见，整个行业的专利数量大但有效率低，保护形式和技术领域过于单一（图 2-12）。

月饼专利中，涉及包装材料的专利占 89.7%，月饼制作方法的占 6.3%，加工设备占 1.9%，原料、模具和添加剂所占比例分别不足 1%（图 2-13）。

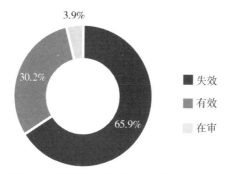

3.9%

30.2%

65.9%

■ 失效
■ 有效
□ 在审

图 2-12　月饼领域专利申请法律状态状况

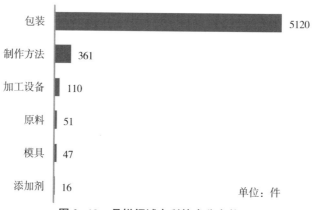

包装 ████████████████ 5120

制作方法 ██ 361

加工设备 █ 110

原料 █ 51

模具 █ 47

添加剂 █ 16

单位：件

图 2-13　月饼领域专利技术分布状况

　　月饼发展至今，与制作工艺相比，包装成为行业最优先关注的领域，说明月饼的消费结构由百姓自购演变成节日礼品，而包装常常比盛装在里面的产品还要重要，这不难理解月饼业为何如此看重包装。

　　2. 主流月饼厂家有品牌无专利

　　由于月饼专利以外观设计为主，前十申请人均为个人，所申请专利均为包装盒的外观设计专利，且申请人多是印刷包装公司的负责人（表2-1），可以说这些企业在月饼包装行业可谓经验丰富，而发明和实用新型专利的前十申请人多涉及加工设备、制作方法和包装盒技术领域（表2-2）。

表 2-1　月饼业专利申请量总排名

申请人	申请量/件	关联企业
王士荣	687	无锡东大印刷
华兆群	653	无锡市恒昌包装彩印厂
邱文华	522	无锡市银湖印刷包装厂
华炳南	232	无锡市文教印务有限公司
华惠忠	147	无锡市惠中彩印有限公司
奚超平	136	无锡市超艺彩印厂
郭玉	112	
华锡平	105	无锡市利华印刷有限公司
席贯中	104	无锡市灵山食品有限公司
包新华	95	无锡市新夏印刷有限公司

表 2-2　月饼业发明新型专利申请量总排名

申请人	申请量/件	技术领域
上海伟隆机械设备有限公司	21	加工设备
黄维乔	19	制作方法
巩华	14	制作方法
梁丽婵	13	制作方法
德清中盈文具用品有限公司	10	包装盒
广州酒家集团利口福食品有限公司	8	加工设备
安徽工贸职业技术学院	7	制作方法
新沂市恒惠淀粉糖有限公司	7	制作方法、原料、设备
咀香园健康食品（中山）有限公司	6	制作方法
安徽省怀宁县顶雪食品有限公司	6	制作方法

　　除了广州酒家集团利口福食品有限公司，国内月饼十大品牌企业并未进入排行榜，可见对于主流生产企业来说，其市场竞争策略的重心围绕商业秘密、广告、商标等开展，专利仍是被忽略的一环，而广式月饼的龙头企业利口福食品有限公司无疑走在其他企业前面。

3.传统月饼正走在不断创新的路上

月饼的种类口味繁多，目前主要有四大派别：广式月饼、京式月饼、苏式月饼和潮式月饼。通过专利分析发现，月饼中涉及的馅料种类很多，水果、蔬菜、果仁、鲜花、肉类、杂粮、豆类、莲蓉、薯类等多种食材均可制成月馅料心（图2-14）。

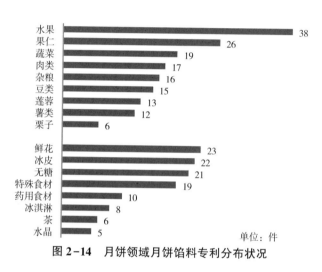

图2-14　月饼领域月饼馅料专利分布状况

另外，在传统月饼的基础上还出现了冰皮月饼、冰淇淋月饼、茶叶月饼等新式月饼，并且为了迎合送礼的需求，还开发出包含鱼翅、鲍鱼、虫草、灵芝、金箔等的名贵月饼。随着消费者健康意识的提高，将川贝、阿胶、甘草、葛根、金银花、藏红花等加入月饼馅料内，业内开发出一系列具有降血压、降血糖、健脾养生、防治糖尿病等具有保健功能的月饼，满足特殊人群的需求。

4.五仁月饼绝不是黑暗料理

五仁月饼一直被黑，甚至要被轰出月饼界，但从专利中会发现更奇葩的月饼（图2-15），五仁月饼绝不是黑暗料理。

□ 1.麻辣月饼馅及其制作方法　　　　　　　　　　　　　　发明专利　　无效

申请号：CN01108454.5　　　　　　　　　　　申请日：2001.05.23

公开(公告)号：CN1332982A　　　　　　　　　公开(公告)日：2002.01.30

申请(专利权)人：刘贵权

分类号：A23L1/48

优先权：

摘要：本发明涉及一种麻辣月饼馅及其制作方法。它主要由下述重量份的原料组成腌制品20-30份、糖冬瓜8-15份、糕粉10-20份、熟粉5-10份、植物油8-12份、糖10-15份、五仁即瓜仁、麻仁、桃仁、杏仁、腰果(榄仁)共30-50份、油辣椒10-15份,花椒粉5-10份,胡椒粉2-5份和适量盐。本发明的麻辣月饼馅不仅有麻辣风味,而且含有丰富的果仁、果脯及腌制品,营养丰富。若腌制品用豆腐作原料,还可制成素月,满足不同消费者的需要。

□ 2.一种烧天鹅月饼的制作方法　　　　　　　　　　　　发明专利　　在审

申请号：CN201210328971.X　　　　　　　　　申请日：2012.09.07

公开(公告)号：CN102845505A　　　　　　　　公开(公告)日：2013.01.02

申请(专利权)人：乔新光

分类号：A21D13/08(2006.01)I

优先权：

摘要：本发明公开了一种烧天鹅月饼的制作方法,涉及烧天鹅制品和月饼加工领域,将烧天鹅切碎为0.5-5毫米的颗粒,作为月饼馅料,按常规月饼制作工艺,制作即得烧天鹅月饼。进一步:所述馅料中还有火腿月饼馅料,按重量百分比选取火腿月饼馅料为总馅料重量的60-80%,烧天鹅为总馅料重量的20-40%;将烧天鹅切碎为0.5-5毫米的颗粒,与火腿月饼馅料混合搅拌均匀,为月饼馅料,按常规月饼制作工艺,制作即得烧天鹅月饼。本发明的有益效果是:以当地特产道口烧鸡的制作工艺生产道口烧天鹅,以道口烧天鹅为原料,从营养上和口感上,都具有独特的风格,是社会各界、男女老少喜爱的食品,可作为高档礼品。

图 2-15　月饼专利

　　送礼成风的月饼市场被学者诟病为变异的月饼和传统文化的没落。而随着这两年中央对公款送月饼之风的坚决扼制，月饼重新回归其"平民身份"。在适应现代社会的发展中，传统食品总是在传承和创新的矛盾中前行，而在以技术创新来顺应潮流之时，在现有手段不能很好保护市场和产品时，申请专利不失为一个好办法！

　　（数据来源：知识产权出版社咨询培训中心 i 智库，截至 2014 年 9 月 5 日）

（撰稿人：杨青）

圣诞节专利之最

圣诞节是欧美等西方国家最重要的节日，在19世纪由国外传教士引入中国。时至今日，圣诞节对中国来说商业味道浓于文化味道，凭借制造业的优势，中国迅速成为圣诞用品产业最主要的生产基地。

1. 关于圣诞节的第一件专利

关于圣诞主题的中国首件专利为华联塑胶制品有限公司和廖汉于1985年5月共同申请的专利CN85104339（人造圣诞树的改良）（图2-16）。这家香港公司于1975年成立，主要产品为塑料花和圣诞装饰品。可想而知，在20世纪80年代中国内地对圣诞节还没有如今这么火爆，从事相关产业的企业很少，第一件圣诞专利当然被国际化的中国香港企业抢先了！

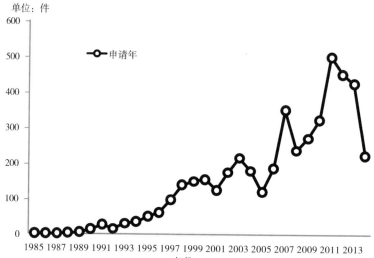

图 2-16　圣诞专利各年度申请趋势

2. 圣诞专利第一人

大家都知道长沙巨星集团总裁邱则有先生是名副其实的"中国专利第一人",那圣诞专利界的第一人非真明丽集团总裁樊邦弘先生莫属。樊邦弘先生为圣诞专利申请量最多的个人申请人,有61件专利申请,均为圣诞灯领域。真明丽集团为一家完成LED上中下游垂直整合成功的上市公司,被誉为"灯饰航母"。1989年,公司设备转至广东省鹤山市,成立鹤山银雨灯饰有限公司。在樊邦弘先生的带领下,鹤山银雨灯饰公司将LED技术应用在圣诞灯饰上,打造国内圣诞灯饰第一品牌。

3. 最火的圣诞商品

圣诞用品产业是一个相对独立的新兴产业,有很大的发展前景,中国已成为全球圣诞用品的重要生产国。圣诞用品涉及玩具、圣诞树、服饰、灯饰等众多品种,而从专利申请量来看,圣诞饰品(挂件)领域的专利申请量最多,其次是灯饰和礼品/工艺品领域(图2-17)。

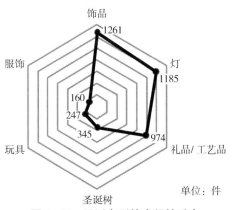

图2-17 圣诞专利技术保护重点

4.圣诞专利申请量最多的地区

目前广东省的圣诞专利申请量最多,广东是中国乃至全球重要的圣诞用品生产及出口基地,浙江和江苏紧随其后(图2-18)。值得一提的是,浙江义乌被业内认为是全球最大的圣诞用品出口基地,全球约一半的圣诞用品来自义乌,生产型企业在200家以上。而从专利申请量上来看,义乌市仅有69件专利,仅占全省专利申请量的7.1%,与其产业地位并不相符。

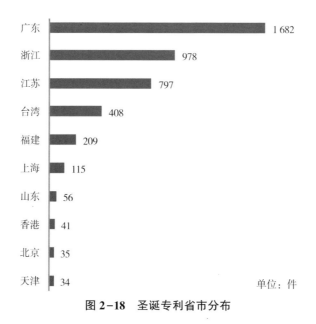

广东	1 682
浙江	978
江苏	797
台湾	408
福建	209
上海	115
山东	56
香港	41
北京	35
天津	34

单位:件

图2-18 圣诞专利省市分布

5.圣诞专利申请量最多的企业

广东省梅州宏丰工艺品有限公司的圣诞专利申请量最多,有269件专利(表2-3)。该公司是一家专业生产、加工圣诞饰品的出口企业,产品远销欧美等地。

表 2-3 圣诞专利重点申请人

申请人	专利量/件	产品
梅州宏丰工艺品有限公司	269	圣诞饰品
泰州市圣诞礼品厂	197	圣诞礼品
江苏和乐文化创意有限公司	150	圣诞饰品
江苏安阳文化创意产业园股份有限公司	136	圣诞饰品
丰群（惠州）工艺品有限公司	123	圣诞礼品
瑞安市建波轻工工艺品有限公司	90	圣诞饰品
厦门星星工艺品有限公司	68	圣诞礼品

中国已成为世界圣诞用品的最大生产基地，全球约八成的圣诞用品来自中国，中国人为这个西方的节日充分融入东方人的智慧。但目前多数企业陷入低质低价的价格战中，并不重视研发创新，而国外市场日益重视产品的安全和质量，未来注重创新和专利保护的企业才能更好应对国外市场的风云变幻！

（数据来源：知识产权出版社咨询培训中心 i 智库，截至 2014 年 12 月 31 日）

（撰稿人：杨青）

第三章

社会热点中的专利

绝不蒙你！马航搜救设备探秘

在马航（MH370）客机的搜索过程中，多国出动舰艇、飞机，携带高科技搜索设备，进行立体化全方位救援。科技的力量在目标搜索、气象监控等方面发挥了极大的作用。这其中，美国装载在海军舰艇上的搜索黑匣子的搜索装备 TPL-25 拖拽搜索器以及 Bluefin-21 无人潜水艇尤为引人注意。

TPL-25 拖拽搜索器是美国海军专用的黑匣子搜索器，鉴于其军方背景，并未发现这一高科技产品的相关技术。

而对于 Bluefin-21 无人潜水艇，经过笔者不懈努力，在 search. cnipr. com 上发现了 Bluefin-21 的开发者——蓝鳍机器人公司（Bluefin Robotics Corporation）的相关专利。

截至 2014 年 3 月 31 日，蓝鳍机器人公司（Bluefin Robotics Corporation）一共公开了 14 篇专利。涉及的技术包括光缆技术、电池技术、连接结构技术以及声纳技术（图 3-1）。通过这些专利，应该能大概了解 Bluefin-21 的技术究竟先进在哪里了。

这些专利里面，与探测最为相关的应该就是蓝鳍机器人公司（Bluefin Robotics Corporation）于 2013 年 3 月 6 日公开的名称为"METHODS, SYSTEMS, AND APPARATUSES FOR INVERTING A SUBMERSIBLE CRAFT"（用于潜水艇反相的方法、系统和设备），专利号为 WO2014035508A2。通过应用这个专利对应的技术，Bluefin-21 声纳探测就可以实施水下探测，不受无人潜水艇尺寸小的限制了。

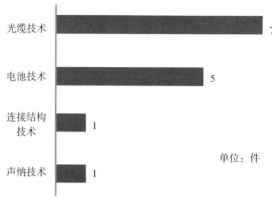

图3-1 蓝鳍机器人公司公开专利技术分布

进一步分析还可以发现，蓝鳍机器人公司（Bluefin Robotics Corporation）所公开的专利集中在近4年，而且还有多篇为PCT专利，并且未发现中国专利（表3-1）。

表3-1 蓝鳍机器人公司公开专利列表

公开号	公开日	专利名称
EP2709901A1	2014-03-26	FIBER OPTIC CABLE SYSTEM FOR UNDERWATER RE-MOTELY OPERATED VEHICLE
WO2014035508A2	2014-03-06	METHODS, SYSTEMS, AND APPARATUSES FOR INVE-RTING A SUBMERSIBLE CRAFT
US8616805B2	2013-12-31	OPTICAL FIBER MANAGEMENT SYSTEM AND METHOD
US8556538B2	2013-10-15	DEPLOYABLE OPTICAL FIBER CARTRIDGE
EP2577768A1	2013-04-10	METHOD OF PROTECTING BATTERY CELLS AND BAT-TERIES WHICH CONTAIN BATTERY CELLS AND PRO-TECTED BATTERY CELLS AND BATTERIES WHICH CONTAIN BATTERY CELLS
US8369673B2	2013-02-05	OCEAN DEPLOYABLE BIODEGRADABLE OPTICAL FIBER CABLE
WO2013016553A1	2013-01-31	INTERNAL WINCH FOR SELF PAYOUT AND RE-WIND OF A SMALL DIAMETER TETHER FOR UNDERWATER REMOTELY OPERATED VEHICLE
WO2012177824A1	2012-12-27	DUAL MODE FIBER OPTIC CABLE SYSTEM FOR UN-DERWATER REMOTELY OPERATED VEHICLE

续表

公开号	公开日	专利名称
AU2011265071A1	2012-12-06	METHOD OF PROTECTING BATTERY CELLS AND BATTERIES WHICH CONTAIN BATTERY CELLS AND PROTECTED BATTERY CELLS AND BATTERIES WHICH CONTAIN BATTERY CELLS
WO2012158958A1	2012-11-22	FIBER OPTIC CABLE SYSTEM FOR UNDERWATER REMOTELY OPERATED VEHICLE
CA2799780A1	2011-12-15	METHOD OF PROTECTING BATTERY CELLS AND BATTERIES WHICH CONTAIN BATTERY CELLS AND PROTECTED BATTERY CELLS AND BATTERIES WHICH CONTAIN BATTERY CELLS
WO2011156345A1	2011-12-15	METHOD OF PROTECTING BATTERY CELLS AND BATTERIES WHICH CONTAIN BATTERY CELLS AND PROTECTED BATTERY CELLS AND BATTERIES WHICH CONTAIN BATTERY CELLS
US20110300431A1	2011-12-08	METHOD OF PROTECTING BATTERY CELLS AND BATTERIES WHICH CONTAIN BATTERY CELLS AND PROTECTED BATTERY CELLS AND BATTERIES WHICH CONTAIN BATTERY CELLS
US6634825B2	2003-10-21	APPARATUS FOR JOINING CYLINDRICAL SECTIONS

面对中国这个充满潜力的市场，蓝鳍机器人公司不会无动于衷。在不久的将来，会在中国看到蓝鳍机器人公司所申请的专利。

（数据来源：知识产权出版社咨询培训中心 i 智库，截至 2014 年 3 月 31 日）

（撰写人：王晶　王哲）

来自岛屿的专利

很多国内知名的公司，如阿里巴巴，其专利申请时填写的地址是英属开曼群岛，可阿里巴巴明明是土生土长的中国本土企业啊！此外，还有很多中国知名企业申请专利的地址都来自各个不同的岛屿，本文将对这些来自岛屿的专利一探究竟。

在谈专利之前，先给大家普及一个概念——离岸公司：泛指在离岸法区内依据其离岸公司法规范成立的有限责任公司或股份有限公司（来自百度百科）。由于离岸公司具有高度的保密性、减免税务负担、无外汇管制三大特点，所以受到很多公司的青睐。

著名的离岸管辖区有许多是前英属殖民地，如开曼群岛、英属维尔京群岛等。

1. 维尔京群岛

首先我们先来看看英属维尔京群岛的情况。

第一，维尔京群岛中外公司来华专利申请数量相当。

通过 search. cnipr. com 数据显示：截至 2013 年 3 月 31 日，英属维尔京群岛的公司在中国申请的专利已公开共计 3 499 件，其中，53.2% 的专利来自中国离岸公司（图 3-2），46.8% 的专利来自国外离岸公司。在维尔京群岛的中国公司和国外公司在中国进行专利布局的状况基本上势均力敌。

第二，TOP10 申请人中中国公司较多，但专利申请数量不及国外公司。

来自不同行业的 TOP10 申请人中，有 3 家国外公司和 7 家中国公司。排名前两位的是普拉德和科莱恩金融，排名第三位的是来自中国香港的屈臣氏，来自中国内地的创科电动工具科技有限公司排名第四，专利申请仅164 件，仅为排名第一的普拉德的 1/3（图 3-3）。

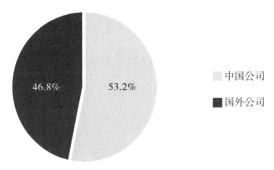

图 3-2 维尔京群岛注册公司在中国专利布局分布

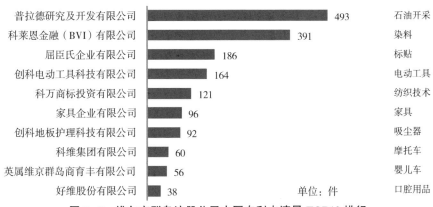

图 3-3 维尔京群岛注册公司中国专利申请量 TOP10 排行

就专利布局规律而言，通常企业优先在本国申请专利作为基础，进而进行海外专利布局，而目前两家国外离岸公司普拉德研究及开发有限公司和科莱恩金融（BVI）有限公司虽然技术领域不同，但其专利申请量远高于中国离岸公司，反映出其对中国市场的浓厚兴趣。

第三，TOP10 申请人国外公司专利申请以发明居多，中国公司以实用新型、外观设计为主。

对 TOP10 申请人专利类型研究发现：国外的三家离岸公司中，第一和第二位的专利申请以发明为主，发明专利占比达到 92.75% 和 100%，排名第七位的创科地板护理科技有限公司发明专利也占比 42.39%（表 3-2）。

而另外七家中国离岸公司中，发明专利占比较少，仅仅排名第五位的

科万商标投资有限公司和排名第十位的好维股份有限公司发明专利占比达到30%以上。

其他公司，专利以实用新型和外观专利为主，屈臣氏和科维集团的外观专利占比超过90%。初步分析可以看出，和国外离岸公司相比，中国公司的专利技术水平相对居于弱势地位。

表3-2　维尔京群岛注册公司中国专利申请量TOP10专利申请类型分布

公司名称	发明		实用新型		外观	
	申请量/件	占比	申请量/件	占比	申请量/件	占比
普拉德研究及开发有限公司	448	92.75%	35	7.25%	0	0
科莱恩金融（BVI）有限公司	384	100%	0	0	0	0
屈臣氏企业有限公司	3	1.61%	1	0.54%	182	97.85%
创科电动工具科技有限公司	35	21.34%	27	16.46%	102	62.20%
科万商标投资有限公司	37	30.58%	7	5.79%	77	63.64%
家具企业有限公司	0	0	0	0	96	100%
创科地板护理科技有限公司	39	42.39%	0	0	53	57.61%
科维集团有限公司	0	0	5	8.33%	55	91.67%
商育丰有限公司	5	8.93%	31	55.36%	20	35.71%
好维股份有限公司	14	36.84%	11	28.95%	13	34.21%

众所周知，专利申请具有技术保护的作用，是企业进行技术研发和市场规划的先行伞，如果技术不进行保护，一旦侵权，面临的是数年的法律诉讼和产品销售的无限期延后，在知识产权越发被重视的今天，即便是通过技术秘密，技术也未必可以得到有效保护，如何合理申请专利，利用专利，是中国的企业下一步需要考虑的。

中国的企业，除了离岸公司的优势外，还需关注一下自身的技术水平和专利布局意识，否则还是会被海外公司远远抛在身后的。

2. 开曼群岛

开曼群岛（Cayman Islands）位于加勒比海西北部，不仅风景优美，其专利申请也令人瞩目，2000 年，其开始在华申请专利，至今申请量达到 3 209件，对于一个小岛屿来说，实属难得，而这都来源于离岸公司的贡献。

第一，开曼群岛的中国公司来华专利申请量相当可观。

通过 search. cnipr. com 数据显示：截至 2013 年 3 月 31 日，英属开曼群岛在中国申请的专利已公开共计 3 209 件，其中，83.37% 的专利来自中国离岸公司（图 3-4），16.7% 的专利来自国外离岸公司。由于企业一般会优先在本国申请专利作为基础，进而进行海外专利布局，因此就不难理解为何在开曼群岛的中国公司比国外公司更加重视在中国申请专利了。

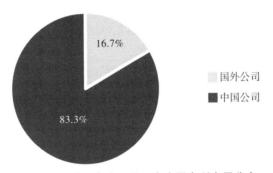

图 3-4　开曼群岛注册公司在中国专利布局分布

第二，TOP10 申请人领域集中，中国公司专利申请量大。

开曼群岛在华申请专利的 TOP10 公司，中国公司有 7 家，占比优势明显，这 10 家公司集中在电子商务、食品、电子器件及无线通信领域，其中电子器件公司高达 6 家（图 3-5）。

精明如马云，一定不会放过离岸公司这么有吸引力的角色，阿里巴巴在开曼群岛来华专利申请中排名第一，其申请量是第二位顶益控股的 4 倍还多，优势明显。阿里巴巴（Alibaba Corporation）作为中国最大的网络公司和世界第二大网络公司，旗下的电子商务淘宝网和支付宝已经成为众多网购达人的最爱，而其在专利申请上也步步为营，积极布局。

常接触方便面和饮料的人，很少有人不认识康师傅和统一。它们也是

以离岸公司的身份申请专利的。作为鼎鼎大名食品品牌的母公司，顶益控股和统一企业非常注重作为食品包装的外观专利申请。

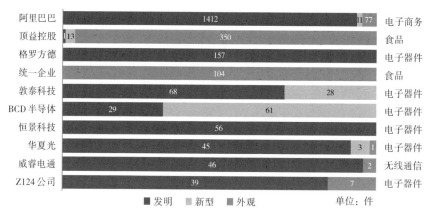

图 3-5　开曼群岛注册公司中国专利申请量 TOP10 排行及行业、申请类型分布

第三，中国公司行业集中，多为新兴产业，PCT 申请很少。

进一步分析全部的中国申请人，我们发现，新兴技术产业占多数，包括互联网及相关技术、电子器件、生物医药等，新兴技术企业善于利用离岸公司这种优势身份申请专利，也善于寻找对企业发展更为有利的方向（图 3-6）。在全部的 89 位中国申请人中，互联网及相关技术企业达 27 家，可见中国国内互联网发展迅速，企业专利布局意识比较强。排名第二位的

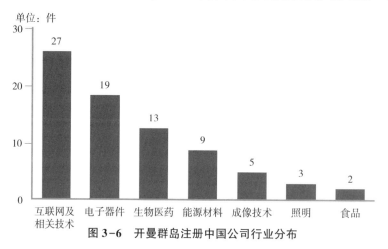

图 3-6　开曼群岛注册中国公司行业分布

电子器件行业从一定程度上是为互联网、电子产品和无线通信技术服务的，由于中国庞大的互联网及电子产品消费群体，电子器件企业蓬勃发展，对于技术研发也尤其重视，其专利也以稳定性更强的发明为主。

虽然中国在开曼群岛的离岸公司申请专利数量可观，但令人担忧的是，其 PCT 申请只有区区 30 件，还不到总申请量的 2%，中国的新兴技术企业目光仍局限在国内，没有走出国门的远大抱负，它们虽然采用离岸公司的优势身份，却没有将其利用到极致。这是一件值得政府重视的事情，政府如果能对企业在外申请专利进行扶持补贴，相信企业会积极进行国外专利布局，为中国的产品走出去打下专利基础，在全球保护我们的原创技术。

3. 百慕大群岛

百慕大群岛（Bermuda）位于北大西洋，是英国的自治海外领地，其在中国的专利申请虽然不及维尔京和开曼，但其自 1994 年起开始在中国申请专利，至今累计的专利数量已近千件。以神秘著称的百慕大群岛，由于政局稳定，没有外汇管制，并严格遵守金融保密法，与开曼群岛、维尔京群岛并称为三地离岸避税天堂。笔者通过专利分析，带大家来揭开百慕大群岛离岸公司神秘的面纱。

第一，百慕大群岛来华申请以国外公司为主，TOP10 难觅中国企业身影。

search. cnipr. com 数据显示：截至 2013 年 3 月 31 日，来自英属百慕大群岛已公开的中国专利申请共计 939 件，其中，92.7% 来自国外离岸公司（图 3-7），仅有 7.3% 的专利申请来自中国离岸公司。以百慕大为申请人地址的中国公司仅有 3 家，其中 2 家来自台湾，1 家来自内地。

来自台湾的泰科资讯科技有限公司作为中国地区公司排名最为靠前的企业，也只是排到了第 5 位。而进一步调查发现，该公司其实是美国泰科电子（TE Connectivity）的下属企业，因此从严格意义上说，中国企业没有一家进入 TOP10（图 3-8）。

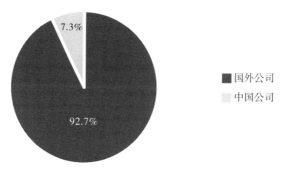

图3-7　百慕大群岛注册公司在中国专利布局分布

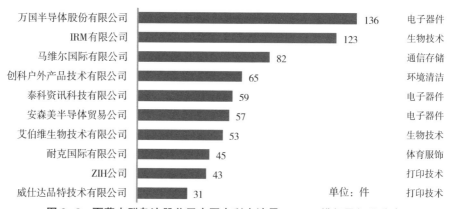

图3-8　百慕大群岛注册公司中国专利申请量 TOP10 排行及行业分布

　　而唯一一家来自内地的 BDC 半导体公司，同时也在开曼群岛进行了注册，并且入选开曼群岛 TOP10 申请人，而它以百慕大群岛离岸公司身份申请的中国专利仅有 1 件。是什么原因让 BDC 半导体公司放弃了百慕大群岛而选择开曼？或许和这两个地区的法律制度的细微差别有关。值得一提的是，BDC 半导体公司并非土生土长的内地企业，其最初在台湾建有研发中心，近年才将总部搬迁至上海。

　　从技术分布情况来看，TOP10 申请人所属领域并不集中，3 位来自电子器件领域，2 位属于生物技术领域，2 位属于打印技术领域，还有 3 位申请人分别来自通信存储领域、环境清洁领域和体育服饰领域。

可以说，维尔京群岛的国外公司在中国的专利布局基本呈现压倒性的优势，百慕大并非中国企业的首选离岸地区。

第二，百慕大来华专利失效率较低，较高的有效率反映国外企业对中国市场的浓厚兴趣。

对百慕大专利申请进行法律状态分析我们发现，来华申请的939件专利中，近一半目前处于有效状态，另有超过1/4处于在审状态，处于失效的专利仅有24.0%（图3-9）。这一数据反映了百慕大离岸公司对中国市场浓厚的兴趣。

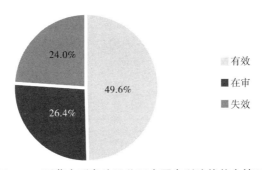

图3-9 百慕大群岛注册公司中国专利法律状态情况

TOP10申请人中，除了来自生物技术领域的IRM和艾伯维专利有效率不到20%以外，其他申请人专利有效率均在35%以上，而来自美国的安森美半导体贸易公司，专利有效率更是达到100%，该公司致力于高能效电源和信号管理、逻辑、分立及定制方案阵容研发及生产，是中国企业需要关注的竞争对手，通过专利分析发现，其技术研发团队可能来自日本（图3-10）。

通过分析，我们可以看到：

➢开曼群岛是中国电子器件以及互联网企业的乐园，但这些企业目前专利布局眼光有点窄，仍局限在国内的一亩三分地儿，当然，这也与其市场销售区域有关。

➢维尔京群岛则是中国和国外企业参半，涉及各行各业，但中国企业专利布局意识明显弱于国外企业。

单位：件

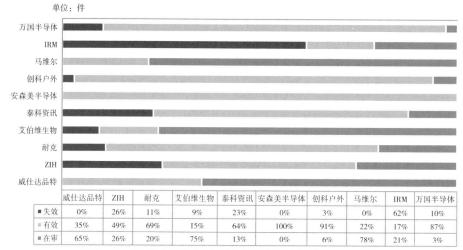

	威仕达品特	ZIH	耐克	艾伯维生物	泰科资讯	安森美半导体	创科户外	马维尔	IRM	万国半导体
■ 失效	0%	26%	11%	9%	23%	0%	3%	0%	62%	10%
■ 有效	35%	49%	69%	15%	64%	100%	91%	22%	17%	87%
■ 在审	65%	26%	20%	75%	13%	0%	6%	78%	21%	3%

图 3-10　百慕大群岛注册公司中国专利申请量 TOP10 排行

➤ 百慕大则完全不受中国企业的青睐，企业基本都来自国外，但这些企业对中国市场兴趣浓厚。

初步分析仅仅是管中窥豹，但从中发现了国外企业对中国市场扩张的野心，仅仅是离岸公司，国外企业不论从专利布局还是专利维持状态均明显优于中国企业。

（数据来源：知识产权出版社咨询培训中心 i 智库，截至 2014 年 3 月 31 日）

（撰稿人：肖丽　贾立娜）

蓝光——中国 DVD 又一次专利之痛

2007 年，飞利浦启动为蓝光产品创建专利池的工作，继 10 年前轰轰烈烈的 DVD 专利事件后，中国 DVD 产业再次面临知识产权威胁。

2013 年，稳瑞得有限责任公司位居中国专利实施许可让与人排名第一，其本身并未申请专利，拥有的专利来源于许可。在 2013 年，稳瑞得对中国 28 家民营企业许可了 1 132 次，涉及的专利技术均为多媒体视听技术及通信技术。起初，我们认为稳瑞得是独立的 NPE（Non-Practicing Entities，非专利实施主体），然而进一步的调查发现，其真实身份是 DVD 蓝光技术专利池许可的代理商。

蓝光，也称为蓝光光碟（Blue-ray Disc，BD），是 DVD 之后下一时代的高画质影音储存光盘媒体。蓝光利用波长较短（405nm）的蓝色激光读取和写入数据，并因此得名，而传统 DVD 需要光头发出红色激光（波长 650nm）来读取或写入数据。波长越短的激光，能够在单位面积上记录或读取更多的信息，因此，蓝光极大地提高了光盘的存储容量。

在蓝光之前，以东芝为代表的 HD-DVD 与以索尼为代表的蓝光光碟的次世代存储规格之争持续了数年，最终，蓝光阵营获得了胜利。

2007 年，飞利浦启动为蓝光产品创建专利池的工作，技术覆盖蓝光播放器/录音机（蓝光、DVD 和 CD 格式）、蓝光电影/数字及刻录光盘（蓝光格式）的所有光学标准格式中最核心的专利。飞利浦发起与松下、索尼等其他蓝光格式创始公司的交流，并邀请其他持有蓝光产品专利的公司参与交流，促成了 One-Blue 专利池的形成及蓝光有限责任公司（One-Blue，LLC）的成立。该公司成立于 2009 年 10 月，是一家致力于管理蓝光光碟产品必要专利的一站式许可项目的公司，持股的公司包括蓝光技术的必要专利拥有者讯连科技、日立、松下、飞利浦、三星和索尼等。蓝光有限责任公司在纽约和东京设有分部，在世界其他地区，他们通过一个名为 One-Red 的公司进行许可。2011 年 7 月 1 日，蓝光有限责任公司启动蓝光光碟产品授权项目，其专利池中包括 83 000 件专利。

显然，在中国 One-Red 被称为稳瑞得，并在 2013 年成功运作，促成了 28 家中国企业拿到蓝光技术的专利池技术许可。10 年前，闹得轰轰烈烈

的 DVD 专利事件给中国 DVD 整机企业上了一堂"专利"课，也给整个产业敲响了加强知识产权保护的警钟。而 10 年后的今天，随着蓝光高清技术的成熟，蓝光播放器产品的快速发展，专利池再次走进中国 DVD 产业的视线，中国又一次落在了世界的后面。

面对已经成为"世界标准"的蓝光标准，中国另辟蹊径，提出了中国蓝光标准，CBHD（China Blu-ray High Definition），这个标准具有中国自主知识产权，其光盘与 DVD 光盘拥有相似的物理格式，可以延续 DVD 产业基础，低价是最大的优势。但美国六大电影公司，仅华纳支持 CBHD。

未来 CBHD 的发展，依赖于市场需求，在全球基本已达成统一的技术标准后，中国的特立独行能否依旧坚守，我们拭目以待。

（撰稿人：肖丽　赵艳红）

2013 年中国专利运营四大态势

1. 近五年中国专利运营日益频繁，2013 年涉及运营活动专利件数突破 10 万

专利运营的本质是充分实现专利的财产功能，包括传统意义的买卖即专利转让、专利许可以及金融运营手段如专利权质押。根据 i 智库研究显示，近五年，中国专利运营次数逐年递增，可见我国目前对专利运营的关注度和实施力度正在不断提高。更进一步的分析表明，三种形式的运营年度趋势有所不同（图 3-11）。2013 年中国专利共计运营 113 227 次，涉及专利数量超过 10 万件。

2.专利转让一直以来是中国专利运营活动的主流

根据 i 智库研究发现：其中专利转让以 78%的比例高居运营之首，其次是专利许可和质押（图 3-12）。相对于权利所有权未曾变化，仅拥有使用权的许可而言，对所有权和使用权完整拥有的转让似乎更被认可。获得专利权后，受让人既可以提高自身技术的全面性，降低研发成本；也可以对他人许可从中获利，进而实现市场垄断；甚至可以作为形成专利联盟或者标准的筹码等。因此，虽然转让付出的价格一般都会高于许可，但转让活动更受欢迎。

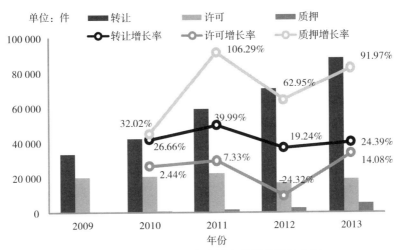

图 3-11　2009—2013 年中国专利运营趋势分析

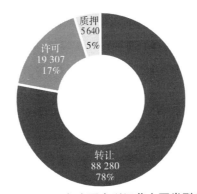

图 3-12　2013 年中国专利运营主要类型分布

3.专利转让活动以发明为主，许可质押活动则以实用新型为主

i智库研究显示：从2013年中国不同专利类型运营情况来看，进行转让的专利以发明居多，许可和质押则以实用新型居多（图3-13）。

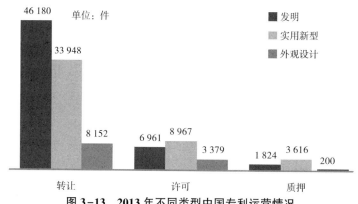

图3-13 2013年不同类型中国专利运营情况

由于转让意味着权利人的变化，或许受让人在决定是否达成权利转让协议时会对权利本身的情况如权利稳定性、持续时间等更为关注，因此经过实质审查的发明更多地得到青睐。而许可和质押并未产生权利人的变化，因此基数较高的实用新型取得优势地位。

4.电力电子和机械工程是中国专利运营最为活跃的技术领域

i智库研究显示：2013年电力电子、机械工程和工艺工程是中国最受运营关注的技术领域，毫无疑问，这些领域是目前产业发展中最为重要的技术，相比专利数量，运营次数更能反映对技术的实际需求（图3-14）。

显然，电力电子和机械的受重视程度高于化学领域和消费品领域，这与我国的工业发展重心有关，电力意味着能源，能源对一个国家的重要性毋庸置疑，而电子作为新兴产业是目前全球的技术发展热点，机械行业作为生产和生活资料的制造基础，是工业发展的重要部分，因此，这三个领域的专利运营程度明显活跃于其他领域。

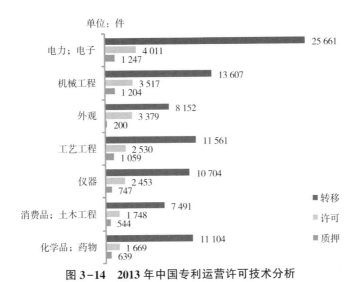

图3-14　2013年中国专利运营许可技术分析

（数据来源：知识产权出版社咨询培训中心 i 智库，截至2013年12月31日）

（撰稿人：肖丽　杨青　桑芝芳　谢虹霞）

转向架，速度与安全？

第一次乘坐地铁，明显感觉到左右摇晃得厉害，这给人非常不舒适的感觉，现在，地铁与人们出行已经密切相关，地铁车辆如果具有较高的运行性能，人们的日常生活舒适度将会得到明显改善。

对选择地铁出行的多数人来说，地铁车辆振动与平稳性是乘坐舒适度的重要评价指标。地铁车辆振动、蛇形运动及不平稳都会造成乘坐舒适度降低，而影响车辆运行的关键部件是转向架，因此，拥有高质量的转向架技术几乎等于掌握了轨道交通技术的核心。

转向架由轮对、轴箱装置、弹簧悬挂装置、基础制动装置、构架或侧架、摇枕等部件组成；转向架集减震、抗侧滚、制动、平稳运行等多种功

能于一体，是轨道交通安全运行的关键。在近 10 年经济快速发展的同时，轨道交通发展迅速，主要体现在动车高铁轨道线路的铺设、动车高铁车辆的顺利运行、城市地铁轨道交通的建设，这无疑也是轨道交通技术发展的结果。

我国在转向架这一轨道车辆核心技术的掌握与国内竞争分布情况如何？转向架技术的区域分布又有什么样的特色？未来技术发展趋势怎样？

从转向架技术中国 TOP10 专利申请人排行来看，中国南车股份有限公司的专利数量位居首位，长春轨道客车股份有限公司的专利数量位居第二。在前十位专利申请人中，南车青岛四方、长江车辆、二七车辆和眉山车辆都分别占有一定数量的专利，南车在转向架技术的专利技术研发中取得了可观的成绩（图 3-15）。

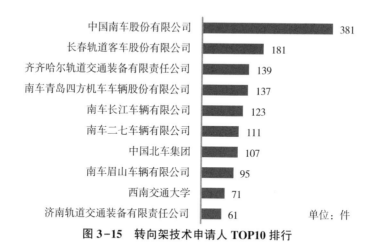

图 3-15　转向架技术申请人 TOP10 排行

图 3-16 为转向架专利技术在中国近二十年的发展趋势图。可以看出，2005 年是转向架技术发展的一个转折点，自 2005 年至今，转向架技术处在总体快速发展中；而 2014 年专利数量较少是专利公告滞后造成的。

单位：件

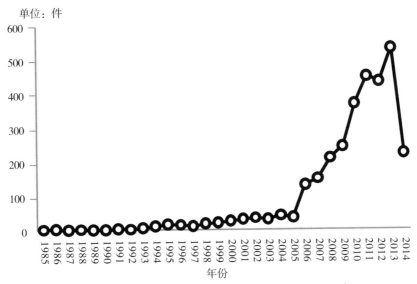

图 3-16 转向架技术中国专利申请趋势（1995—2014 年）

单位：件

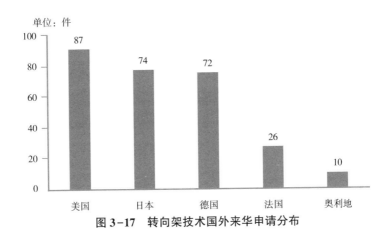

图 3-17 转向架技术国外来华申请分布

　　图 3-17 为转向架专利技术国外来华前五位所属国分布：美国在转向架技术领域来华申请专利数量 87 件，位居首位，日本在转向架技术领域来华专利申请数量 74 件，位列第二位，德国来华专利申请量位于第三，相关专利申请数量为 72 件。可以看出，美国、日本和德国对中国的转向架技术比较重视，来华相关专利技术布局较多；转向架在国内市场的主要海外竞争对手为美国、日本和德国，该三国专利质量较高，不容忽视，国人对其

专利技术可通过学习、借鉴、利用并创新，实现自我技术的突破。而法国和奥地利的相关专利数量为 26 件和 10 件，其相关专利技术也具有较高的可借鉴价值。

轨道交通日益成为人们生活中的重要部分，掌握转向架核心技术势必为中国轨道交通事业带来巨大的发展前景，也将为国人造福。

（数据来源：知识产权出版社咨询培训中心 i 智库，截至 2014 年 9 月 30 日）

（撰写人：金雪）

第四章

股票中的专利

专利帮您选股票

您是否为选择哪只股票而发愁呢？今天我们将另辟蹊径，通过专利分析，从企业创新能力出发，换一个角度来挑选股票。

先来看看具体的需求：A 股市场智能家居概念板块中三星电气和安居宝，近期表现都不错，但哪只股票潜力更大呢？

1. 初步了解

宁波三星电气股份有限公司于 2011 年 6 月 15 日在上海证券交易所挂牌上市，股票简称：三星电气，股票代码：601567。该公司主要从事电能计量及信息采集产品、配电设备的研发、生产和销售。图 4-1 为该公司2010—2014 年的主营收入和营业利润。

图 4-1　三星电气 2010—2014 年主营收入及营业利润

广东安居宝数码科技股份有限公司是一家集研发、生产、销售、服务为一体的高科技企业。经过多年的稳定发展，已成长为具有较强自主研发

和技术创新能力且经营业绩稳定增长的上市公司，股票代码为：300155。图4-2为该公司2010—2014年的主营收入和营业利润。

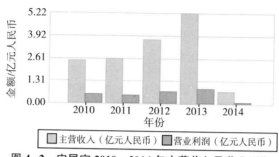

图4-2 安居宝2010—2014年主营收入及营业利润

2. 专利数量比较

通过在专利数据库中检索三星电气及安居宝所有全资子公司的名称，从表4-1可获知：三星电气的专利申请量为539件，安居宝为113件，从近五年专利占比来看：三星电气约三分之一的专利申请集中在近五年，而安居宝约一半的专利申请集中在近五年。两家企业相比：三星电气的创新成果明显多于安居宝，两家公司近期表现都比较活跃。

表4-1 三星电气和安居宝专利申请活跃度对比

申请人	申请量/件	近五年专利占比
三星电气	539	33%
安居宝	113	52%

而从专利公开趋势情况来看，三星电气2010年至2014年7月的专利公开（公告）量与其主营收入的变化趋势非常类似，其研发主要涉及远程抄表系统、预付费电能表、通讯电路、电能质量监测，近期该公司加大了智能电网的研发，在无线通信系统、电力终端等领域取得了一定的研发成果，发展前景较好（图4-3）。

安居宝的情况类似，从2010年至2014年7月，安居宝的专利公开

（公告）量逐步上升，2012 年之前其主要申请的均为外观设计专利，涉及楼宇对讲系统，从 2013 年起，该公司扩大了研发范围，在收费系统、缴费终端等领域有了一定的研发成果（图 4-4）。

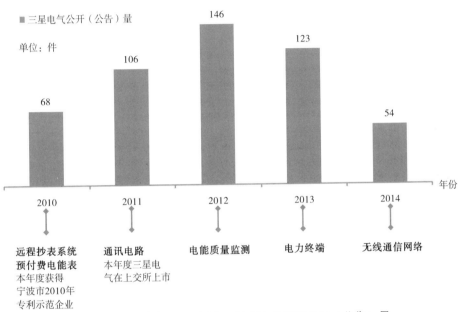

图 4-3 三星电气 2010 年至 2014 年 7 月专利公开（公告）量

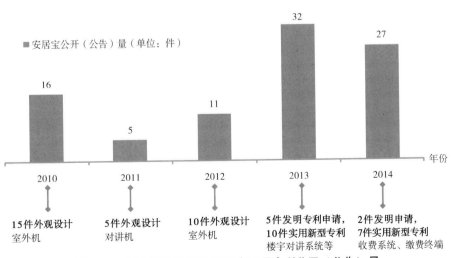

图 4-4 安居宝 2010 年至 2014 年 7 月专利公开（公告）量

3. 专利质量分析

下面我们进一步来比较专利质量，从专利申请的类型来看，这两家公司的发明申请专利占比都很少，三星电气大部分申请为实用新型专利，安居宝则以外观设计专利为主，两家公司的专利维持状况较好（表4-2）。

表4-2　三星电气和安居宝专利质量对比

申请人	发明量/件	授权量/件	有效量/件	发明量占比	有效量占比
三星电气	67	462	483	12%	90%
安居宝	15	33	99	13%	88%

4. 研发潜力对比

为了进一步了解这两家公司的研发潜力，我们对其研发团队进行了分析，三星电气的研发团队拥有218位发明（设计）人，其中的发明人邵柳东的研发活动最为活跃，参与了111件专利申请的研发活动。安居宝的研发团队拥有49位发明（设计）人。从对比的情况来看：三星电气的研发投入及研发实力强于安居宝。

通过以上对比分析可知：三星电气的技术成果多于安居宝，且技术研发的基础和创新能力均强于安居宝。在经济全球化的背景下，创新能力已成为决定一个企业发展的重要因素之一，总体来看，三星电气的发展潜力强于安居宝。

（数据来源：知识产权出版社咨询培训中心 i 智库，截至2014年7月31日）

（撰稿人：曾艳琳）

永清环保（300187）——专利利剑

李克强总理认为 2014 年中国将促进水、环境保护领域的投资，将在合适的时间利用针对性宽松措施来支持增长。环保产业迎来政策利好，那么环保股情况又如何呢？让我们来看看创业板的空气治理概念股——永清环保（公司股票代码 300187）的情况，通过专利分析以了解其技术创新状况，从而判断这只股票的行情。

永清环保股份有限公司是湖南省一家环保概念创业板上市公司，于 2011 年在创业板上市，其主营业务在工业脱硫脱硝、重金属污染治理、土壤修复等环保领域。

从其营收情况来看（表4-3），永清环保股份有限公司的总营业收入同比增长了 47.33%，可见，在坏天气的带动下，2014 年上半年公司的运营状况良好。

表 4-3　永清环保 2014 年半年报情况

指标	本报告期	上年同期	同比增减
营业总收入（单位：元人民币）	421 341 982.52	285 985 494.29	47.33%
研发投入（单位：元人民币）	7 066 918.17	6 759 900.00	4.54%
主营业收入（单位：元人民币）	421 135 107.32	285 985 494.29	4.72%
研发投入/主营业收入	1.68%	2.36%	-0.68%
工程承包项目净营业收入（单位：元人民币）	56 162 440.87	42 701 472.19	31.53%
专利技术（单位：元人民币）	42 838.35	54994.6	-22.10%

从其研发投入情况来看，永清环保股份有限公司在 2014 年上半年度研发投入总量上高于上年同期，但通过计算研发投入/主营业收入（销售收入），我们发现永清环保在 2014 年上半年的研发经费投入比例略有下降，这说明公司在研发投入上略有保留。

从技术分布情况来看，永清环保股份有限公司在环保领域涉足面较广，其中与雾霾相关的领域主要是工业脱硫脱硝相关的构成技术。根据半年度报告显示，公司在2014年上半年收入结构中，工程承包（脱硫脱硝）项目占收入的主要成分，是公司报告期经营业绩的主要增长点。通过分析工程承包项目净营业收入数据，其同比增长了31.53%，说明在雾霾治理领域，永清环保股份有限公司获利较丰。

从专利技术资产情况来看，根据半年报情况显示，永清环保股份有限公司在无形资产中的专利技术资产较上年同期下降较为明显，需要引起关注。

该公司涉足专利领域始于2009年，至今共计申请了31件发明和实用新型专利/申请，其专利主要分布在2009年和2010年，2011年没有专利申请，2012年和2013年仅有少量申请。由于创业板上市政策上的原因，很多创业板上市公司在上市之前的两年专利申请量呈井喷态势，最后归于平淡。这说明永清环保股份有限公司专利申请更多的是区域政策上的考虑。

在这31件专利/申请中，涉及脱硫脱硝技术的共有14篇专利/申请，占了近50%的比例，说明该公司在工业尾气处理方面具有一定的技术积累，且这些专利/申请从2009年持续到2013年，说明脱硫脱硝技术一直是该公司发展的重点技术，详见表4-4。

表4-4　永清环保脱硫脱硝技术专利/申请

申请号	发明名称	法律状态
CN200920064042.6	一种湿法烟气脱硫浆液池结晶生成物控制装置	授权有效
CN200910043096.9	一种湿法烟气脱硫浆液池结晶生成物的控制方法	授权有效
CN200920065129.5	烟气脱硫挡板门叶片之间的密封结构	授权有效
CN200920065174.0	燃煤锅炉烟气选择性催化还原脱硝反应器综合物理模拟系统	授权有效
CN200910043248.5	燃煤锅炉烟气选择性催化还原脱硝反应器综合物理模拟系统	授权有效
CN200910043567.6	一种循环吸收废气中二氧化硫制取无水亚硫酸钠的方法	授权有效

续表

申请号	发明名称	法律状态
CN200920065586.4	一种适用于海上平台作业的海水烟气脱硫除尘一体化洗涤器	授权有效
CN201010127985.6	一种烧结烟气余热利用系统无引风机烟气引出方法	授权有效
CN201020245759.3	一种烟气洗涤装置	授权有效
CN201010216167.3	一种烟气洗涤装置及洗涤方法	视为撤回
CN201220210278.8	一种氧化空气管安装结构	授权有效
CN201220385334.1	一种交互喷淋洗涤脱除高浓度二氧化硫的装置	授权有效
CN201210276607.3	一种交互喷淋洗涤脱除高浓度二氧化硫的装置及方法	在审
CN201320222346.7	一种脱硝烟道支座结构	授权有效

但需要注意的是，这 14 件专利/申请绝大部分是实用新型专利，由于实用新型专利没有经过实质审查，权利稳定性相对较差。

总体来看，永清环保股份有限公司在雾霾处理方面具有一定的自主知识产权和技术，如果国家大力发展雾霾防治领域，永清环保股份有限公司必然有一个长足的发展契机，其股票也会保持一个较为良好的发展态势，2014 年 10 月，随着雾霾越来越严重，永清环保与国家的政策支持遥相呼应，保持了强势的上涨态势，近半年总体大盘走势较为理想，这是一只比较有前景的股票。

（数据来源：知识产权出版社咨询培训中心 i 智库，截至 2014 年 9 月 30 日）

（撰稿人：周明新 王科）

专利护航以岭药业（002603）

创新能力是创业板上市公司的生产原动力。创新能力的高低，决定了企业的发展状况，也必然会影响企业的股价情况。

中药是中华民族的瑰宝，今天我们便来走近走在中医药领域前沿的心

血管病医药生产企业——以岭药业（002603），通过专利分析以了解其技术创新状况，从而判断这只股票的行情。河北以岭药业是以络病理论❶为核心的特色中药企业，是国内首屈一指的由中医理论指导公司发展的中药企业，主要产品为通心络胶囊、参松养心胶囊、连花清瘟胶囊等，其中2008—2010年，专利药物通心络胶囊（用于治疗冠心病、心绞痛）分别实现收入6.40亿元、7.17亿元和9.21亿元。

以岭药业目前共申请了396件专利（包括全资子公司申请），其中有6件海外申请专利，包括3件PCT申请、2件美国申请以及1件EPO申请，可见，在争取国内市场的同时，该公司还具有进军国际市场的意图（图4-5）。

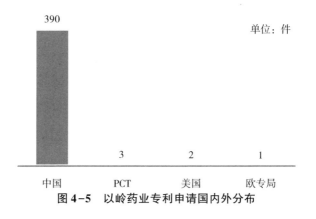

图4-5 以岭药业专利申请国内外分布

从专利申请趋势图可以看到，以岭药业在2008年达到申请高峰，年申请量达到120件，之后有所回落，但仍保持年均三四十件专利申请的水平，研发能力不容小觑（图4-6）。

---

❶ 络病理论：该理论是以岭药业企业负责人吴以岭院士在古代中医络脉理论的基础上创建的，其主要病理特征有络气瘀滞/虚滞、络脉淤阻、络脉淤塞以及络脉绌急等，其中络气瘀滞/虚滞被认为是络病的病因，病理特征类似于现代医学中的血管内皮功能障碍，而血管内皮保护被认为是治疗心脑血管疾病的关键和根本。基于"脉络-血管系统"的结构基础，吴以岭院士进而提出"营卫承制调平"的核心理论，揭示了"脉络-血管系统病"的发展演变及防治规律，将中医理论引向临床实践。

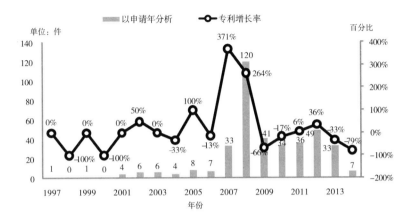

图 4-6　以岭药业专利申请趋势

以岭药业的专利申请以中药类专利为主，另外还涉及药品外包装的外观设计专利、药物检测、西药制剂、西药制备、西药应用、生物药和中医动物模型等，用于治疗心脑血管疾病、感冒呼吸系统疾病、肿瘤、糖尿病等重大疾病领域（图 4-7）。

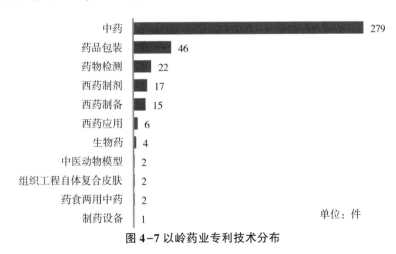

图 4-7 以岭药业专利技术分布

其中，涉及其主打心血管疾病治疗药物通心络的专利申请有 5 件专利，除 1 件失效外，另外 4 件都在有效范围内（图 4-8）：

☐ 1.超微通心络中药组合物及其新用途　　　　　　　　发明专利　　有效

申请号：　CN200510114728.8　　　　　　　　申请日：　2005.10.26

公开(公告)号：　CN1954825A　　　　　　　　公开(公告)日：　2007.05.02

申请(专利权)人：　河北以岭医药研究院有限公司

分类号：　A61K35/64(2006.01);A61K36/725(2006.01);A61K9/14(2006.01);A61P9/10(2006.01);A61P9/14(2006.01);A61P17/02(2006.01);A61P3/06(2006.01)

优先权：

摘要：　一种超微通心络中药组合物，其新的临床用途包括：减轻动脉粥样硬化后血管内皮损伤；能缩小AMI再灌注后无再流面积和梗死范围；对猪冠脉痉挛有明显的解痉作用，同时对管腔狭窄也有明显的抑制作用；抑制高脂血症及动脉粥样硬化的发生；对血管管腔狭窄有明显的改善作用，可使小鼠心肌含血家NO下降和eNOS表达下降；可通过抑制心肌胶原的含量达到抑制心梗后心室重构的目的；可有效改善MCAO大鼠的缺血损伤，可促VEGF表达上调，内皮细胞增殖；对商痔具有良好治疗效果；对血栓闭塞性脉管炎动脉粥样硬化引起瘫痪有良好疗效，可抑制血小板聚集，提高大鼠纤溶活性；降低血瘀症大鼠血浆粘度；在促进脂质调控基因PPARγ表达上呈现出很强的生物学活性。

☐ 2.超微通心络中药组合物及其制备方法　　　　　　　发明专利　　有效

申请号：　CN200410048292.2　　　　　　　申请日：　2004.06.18

公开(公告)号：　CN1709291A　　　　　　　公开(公告)日：　2005.12.21

申请(专利权)人：　河北以岭医药研究院有限公司

分类号：　A61K35/78,A61K35/64,A61K9/14,A61P9/10

优先权：

摘要：　本发明公开了超微通心络中药组合物，该组合物由平均较径小于100um药粉细度的五味虫类药粉和提取挥发油的药材先加水提挥发油后再用水提取，其它用水提取的材加水蜜煮，水提浓过滤后，将浓缩成浸膏，用乙醇提取的药材先醇提后，再用水提取，醇提液回收乙醇后，浓缩成醇提浸膏水提浸过滤与所有的水提浓混匀后浓缩成水提浸膏组成。本发明也公开了该中药组合物的制备方法。

☐ 3.一种通心络药物组合物及应用　　　　　　　　　　发明专利　　有效

申请号：　CN01131203.3　　　　　　　申请日：　2001.08.31

公开(公告)号：　CN1334121A　　　　　　　公开(公告)日：　2002.02.06

申请(专利权)人：　石家庄以岭药业有限公司

分类号：　A61K35/78,A61P9/10

优先权：

摘要：　本发明提供一种以益气活血、搜风解痉的药物配伍的药物组合，改善心肌缺血程度,通络止痛。这种通心络药物组合物的组成包括偏床上合理剂量的人参、全蝎、赤芍、水蛭、土苑虫、蜈蚣、蝉蜕、丹参、白术、甘草、山药其中一种或几种人参、水蛭、丹参、川芎、红花、赤芍、降香、三七、郁金、桃仁、延胡索、土鳖虫、乳香、血竭、没药、鸡血藤、沉香、莪术、三棱、益母草、五灵脂、牛膝、瓜蒌、半夏、薤白、杏仁、枳壳、枳实、檀香、香附、木香、陈皮、桔梗、元胡、何首乌、当归、熟地黄、白芍、麦冬、黄精、冲朴、石菖蒲、酸枣仁、远志、琥珀、细辛、附子、桂枝、泽泻、五味子、山楂、葛根、茯苓、白芷、柴胡、地龙、天府其中一种或几种与全蝎、蝉蜕、蜈蚣其中一种或几种的组合制剂。

☐ 4.治疗冠心病心绞痛的通心络胶囊及其制备方法　　　发明专利　　无效

申请号：　CN97104187.3　　　　　　　申请日：　1997.05.04

公开(公告)号：　CN1198332A　　　　　　　公开(公告)日：　1998.11.11

申请(专利权)人：　吴以岭

分类号：　A61K35/78,A61K9/48

优先权：

摘要：　一种治疗冠心病心绞痛的通心络胶囊及其制备方法,它是以蜈蚣、全蝎作主料药,以人参、水蛭、土鳖虫、蝉蜕、赤芍、冰片作辅料药,经过净选、粉碎、研细、回波提取、制蜜、混合等步骤灌胞制而成。本发明治疗效果显著,显效率达62.57%,总有效率达96.49%,同时具有改善心功能,改善血液流变学的作用,降低血脂患者的血脂水平,进而达到标本同治的良好效果。

☐ 5.药品包装盒(通心络)　　　　　　　　　　　　　　外观设计　　有效

申请号：　CN200630098699.6　　　　　　　申请日：　2006.11.07

公开(公告)号：　CN3679337D　　　　　　　公开(公告)日：　2007.08.15

申请(专利权)人：　河北以岭医药研究院有限公司

分类号：　09-03

优先权：

简要说明：

图4-8　以岭药业产品通心络相关专利申请

目前以岭药业的专利整体保护状况较好，失效专利仅占 7.7%，其余都为有效或在审状态（图4-9）。

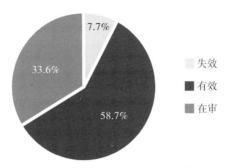

图4-9 以岭药业专利申请法律状态

从以岭药业专利的代理情况来看，其专利申请文件主要由自身人员撰写，和代理公司合作的情况较少，这说明以岭药业自身具有一定的撰写能力（图4-10）。

图4-10 以岭药业专利申请代理情况

综上分析可以看出，以岭药业专利申请和保护状况不错，结合其近期股市走向来看，以岭药业近半年总体走势较为理想，呈逐渐上升态势。笔者建议可以持股观望。

（数据来源：知识产权出版社咨询培训中心 i 智库，截至 2014 年 11 月 3 日）

（撰稿人：甘子珍）

奥特迅（002227），充电桩概念？

环境的恶劣是新能源汽车发展的动力，也是电动汽车代替传统机动车的催化剂，政策导向和市场需求都指向了电动汽车，国外电动汽车鼻祖特斯拉、知名品牌宝马 i3、国产的比亚迪 E6 等诸多电动汽车品牌不断推出，可以预见，电动汽车的市场将会越发做大。

市场上充斥着如此之多的电动汽车，但是在道路上却鲜有发现给电动汽车充电的装置。没有足够的供电设备，电动汽车就失去了动力源，必然给民众的生活带来不便，伴随着电动汽车的需求加大，相应的充电设备的市场必然也前景广阔。

那么，充电桩的市场行情是否越来越好呢？我们今天就来看看 A 股市场上的可以批量生产电动汽车充电桩的概念股奥特迅（002227），通过专利分析以了解其技术创新状况，从而判断这只股票的行情。

奥特迅（002227）股票属于深圳奥特迅电力设备股份有限公司，该公司是国内最大的直流操作电源制造商，主要产品为直流操作电源，可用于高频智能化充电模块，是电动车充电站的首选产品，是国家认定的重点扶持高新技术企业。公司主营的充电站、充电机和充电桩，具有明显的技术优势、营销优势和先发优势。公司是最大的直流操作电源制造商，400V×30A 大功率高频智能化充电模块在输送相同功率时，具有模块数量减少、节约充电站占地及采购成本低等显著优势。该公司和南方电网合作，完成了深圳大运中心、和谐两个电动汽车充电站以及 134 个充电桩的设备供应，具有突出的先发优势。同时，以电网为主要客户的市场结构，有利于对竞争对手形成资质和市场壁垒。

从该公司 2014 年上半年的半年报来看（表 4-5），该公司上半年的营业收入较上年同期增长了 31.72%，订单连续增加，其整体的营业状况处于一个增长的阶段。其研发投入较上年同期增长了 58.83%，可见该公司在研发上较为重视，是一家以技术为核心的公司。但从该公司的行业分类的营收情况来看，最近半年，奥特迅电力设备股份有限公司更多的营收重点在于电力监测设备领域，而在电动汽车快速充电设备领域营收显著下降。因此，企业的产业重点已经有所转移。

表 4-5　奥特迅 2014 年半年报情况

指标	本报告期	上年同期	同比增减
营业收入（单位：元人民币）	153 037 460.13	116 181 879.75	31.72%
研发投入（单位：元人民币）	19 071 336.72	12 007 134.58	58.83%
电动汽车快速充电设备（单位：元人民币）	4 108 324.20	3 162 110.72	−51.95%
电力监测设备（单位：元人民币）	10 099 743.61	4 264 183.31	2 616.48%

由于该公司与国家电网合作较多，而电动汽车充电桩的布局离不开国家电网的电力布局，拥有雄厚的客户基础也决定该公司具有较强的营收能力。

作为一家以技术为核心的公司，其专利状况是无法忽视的问题。目前该公司已经公开或授权的专利/申请共计 45 件（图 4-11）。其中，涉及电动汽车快速充电设备的专利/申请仅有 4 件，而涉及电力监测设备的专利/申请有 17 件之多，因此深圳奥特迅电力设备股份有限公司的行业技术重点在于电力监测而不在于电动汽车快速充电桩。

进一步比较电力监测设备和电动汽车快速充电设备的专利/申请的具体情况（图 4-12），我们发现，该公司的四件涉及电动汽车快速充电设备的专利/申请仅有 2 件掌握在自己手中，且均属于实用新型专利，权利稳定性不高。而涉及电力监测设备的 17 件专利/申请有 9 件仍然掌握在自己手中。因此，深圳奥特迅电力设备股份有限公司更倾向于在电力监测设备领域有长足的发展，而电动汽车快速充电设备方面目前并非其主流技术研发方向。

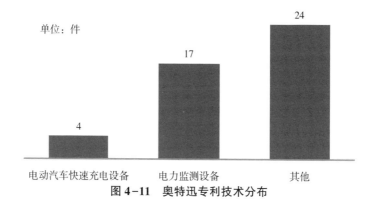

图 4-11　奥特迅专利技术分布

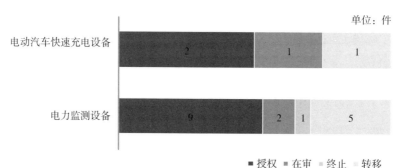

图 4-12　奥特迅主要技术专利法律状态

综合而言，奥特迅（002227）在充电桩领域技术研发并没有长远的计划，即使未来市场上对充电桩有大量的需求，也并不会给该公司带来太多的利益。而从近一段时间的日 K 线图可以看出，最近几个月该公司整体上是一个走高的行情，但是，十月份整体呈现一个疲软的态势。虽然目前充电桩概念火爆，但对于该股市场预期一般。

（数据来源：知识产权出版社咨询培训中心 i 智库，截至 2014 年 11 月 27 日）

（撰稿人：周明新　张建宇）

乐普医疗（300003）——专利走向国际

据国家心血管病中心报道，我国现有心血管病患者 2.9 亿人，而冠心病是其中的高发疾病，城市患病率远大于农村，并呈上升趋势。冠心病在美国和许多发达国家也是排在死亡原因的第一位。心脏支架（又称冠状动脉支架）植入术是目前治疗冠心病最有效的方法之一，今天我们通过专利分析了解国内领先的心血管病植介入诊疗器械与设备医疗产品公司——乐普医疗的技术创新情况，以帮助股民们对这家创业板上市企业的股票行情做出判断。

1. 乐普医疗公司简介

乐普医疗公司是国内领先的心血管病植介入诊疗器械与设备的高端医疗产品公司，主要从事冠状动脉介入医疗器械的研发、生产和销售，是 2009 年在深交所创业板首批上市的 28 家企业之一，深交所 GEM 上市公司股票代码为：300003。

2. 乐普医疗公司专利情况

（1）专利申请情况。包括旗下的全资子公司，乐普医疗公司目前共申请专利 209 件，其中 196 件为国内申请，13 件为海外申请专利。显然，乐普医疗的市场目标并未局限在国内。

从技术内容来看，乐普医疗申请的专利涉及心脏封堵器、心脏瓣膜及其输送系统、心血管造影机、止血装置、药物血管支架、快速交换逆向溶栓球囊导管装置、多通道血栓弹力图仪等。

而从申请人情况来看，乐普（北京）医疗器械股份有限公司的申请超过乐普医疗总体申请量的一半，此外，乐普医疗的国外子公司 LEPU MED-

ICAL TECHNOLOGY（BEIJING）CO.，LTD. 的专利申请占比达到 6%，是乐普医疗重要的研发力量（图 4-13）。

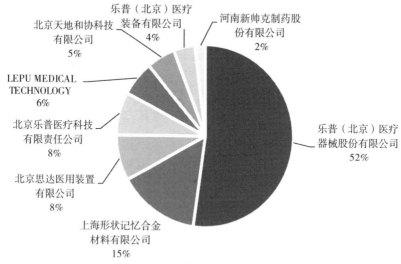

图 4-13　乐普医疗专利申请来源

综合而言，乐普医疗公司作为国内规模最大的也是唯一拥有多种技术特点药物支架产品的制造企业、亚洲最大的人工心脏瓣膜制造企业，无论在专利申请的内容、数量，还是地域分布上都是佼佼者。

（2）国内专利授权情况。从法律状态来看，乐普医疗公司授权专利占比高达 3/4，失效/无效专利仅为 11.2%，另外还有 5.1% 的子公司之间的专利实施许可。显然，乐普医疗在保证专利高维持率的同时，也充分利用专利规则对专利展开灵活运用（图 4-14）。

（3）海外专利申请情况。乐普医疗的海外专利申请主要来自子公司 LEPU MEDICAL TECHNOLOGY（BEIJING）CO.，LTD.，细究其专利申请策略，我们发现早在 2008 年 5 月乐普医疗就在海外进行专利布局，申请多件 PCT 专利，并在欧专局、美国等区域展开布局，而专利技术方案涉及止血器充放气装置、具有多药物涂料血管支架、用于医疗器械的表面上固定抗体的方法、桡动脉穿刺点止血压缩机、受控降解镁金属涂层支架材料等领域（表 4-6）。

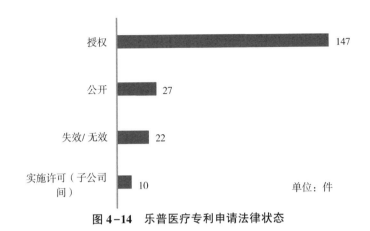

图4-14 乐普医疗专利申请法律状态

表4-6 乐普医疗海外专利申请

序号	公开（公告）号	名称	公开（公告）日
1	US2013184746（A1）	INFLATION-DEFLATION DEVICE FOR TOUR-NIQUET	2013-07-18
2	WO2008071047（A1）	NANOPOROUS DRUG RELEASE STRUCTURE FOR DRUG ELUTE INSTRUMENTS AND THE PREPARATION METHOD THEREOF	2008-06-19
3	WO2008061431（A1）	VESSEL STENT WITH MULTI DRUG-COATINGS	2008-05-29
4	WO2008141495（A1）	A METHOD FOR FIXING ANTIBODY ON THE SURFACE OF MEDICAL INSTRUMENT	2008-11-27
5	US8361536（B2）	METHOD FOR FIXING ANTIBODY ON THE SURFACE OF MEDICAL INSTRUMENT	2013-01-29
6	WO2010108308（A1）	GUIDING GUIDE WIRE	2010-09-30
7	WO2012126154（A1）	RADIAL ARTERY PUNCTURE POINT HEMOSTASIS COMPRESSOR	2012-09-27
8	WO2012006870（A1）	INFLATION-DEFLATION DEVICE FOR TOUR-NIQUET	2012-01-19
9	WO2009082876（A1）	A CONTROLLED DEGRADATION MAGNESIUM METAL COATING SCAFFOLD AND ITS PREPARATION METHOD	2009-07-09
10	EP2163268（A4）	A METHOD FOR FIXING ANTIBODY ON THE SURFACE OF MEDICAL INSTRUMENT	2012-10-24

序号	公开（公告）号	名称	公开（公告）日
11	US2010049308（A1）	VESSEL STENT WITH MULTI DRUG-COAT-INGS	2010-02-25
12	EP2085057（A4）	VESSEL STENT WITH MULTI DRUG-COAT-INGS	2013-08-21
13	EP2594206（A1）	INFLATION-DEFLATION DEVICE FOR TOUR-NIQUET	2013-05-22

总体而言，作为国内规模最大的也是唯一拥有多种技术特点药物支架产品的制造企业，乐普医疗已开始迈出国门，迎接海外挑战。

3. 走入国际市场，专利先行一步

专利申请代表了一个企业的创新能力，在很大程度上可以作为该企业未来市场的风向标。乐普医疗作为国内高端医疗器械领域、能够与国外产品形成强有力竞争的为数较少的企业之一，其股票也必将会保持一个较为良好的发展态势，从其近期周 K 线图可以看出，乐普医疗 2014 年上半年营业收入同比增长了 30.85%，且近半年总体走势较为理想，呈逐渐上升态势，是一只比较有前景的股票。

（数据来源：知识产权出版社咨询培训中心 i 智库，截至 2014 年 10 月 20 日）

（撰稿人：甘子珍　王科）

第五章

专利与通信行业

思科在华遭遇瓶颈，专利映射衰落还是复活？

思科公司（Cisco）是全球领先的网络解决方案供应商，依靠自身的技术和对网络经济模式的深刻理解，思科成为网络应用的成功实践者之一。但是，这个曾经的网络巨头，近年来正在逐步从优秀走向衰落，这固然有华为等新兴厂商的崛起，以及美国"棱镜门"等事件的影响，但归根结底还是自己出了问题。

1. 从优秀走向衰落，专利数据揭示真相

思科之殇，应该是其他企业的前车之鉴，思科曾经的辉煌也应该是其他企业的学习标杆。

与众多中国企业在美国遭到封杀形成鲜明对比的是，以思科为代表的美国"八大金刚"在华长驱直入，中国几乎丝毫不设防，在关系到国计民生的信息技术的关键基础设施，也大多应用美国的技术和产品。这不得不引发对我国信息安全现状的反思和忧虑——在西亚北非的政局动荡中，谷歌等网络公司正在扮演非常重要的角色。

而在中国，此类企业的典型代表非思科莫属。思科进入中国后的发展顺风顺水，国内各级政府对思科几乎没有设置任何门槛，并且在很多方面可以享受超国民待遇。这让本就实力强大的思科如鱼得水。

近年来，不断传出思科衰落的消息，思科是否真的已经不再具有创新能力？核心技术是否真的已经不再保持以往的优势了？透过专利视角揭晓真相。

图 5-1 为思科在中国的专利数量发展趋势图，可以看出，思科在 2004—2006 年处在专利技术发展高峰期，专利数量年均达 160 件。自 2007 年至今，思科的专利数量呈现大幅度下降状态，我们可以断定的是思科的专利技术开始走向衰落状态。专利在一定程度上能够反映企业的知识产权创新能力，经以上分析可以判断思科在近年的技术创新能力并没有持续提升，而是在走下坡路，其专利发展状况也从侧面反映了思科的衰落。

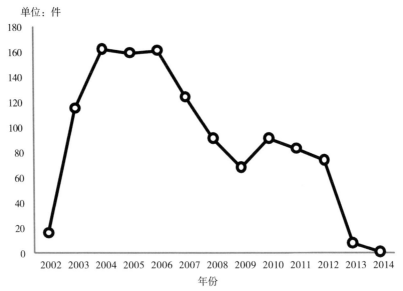

单位：件

图 5-1 思科中国专利数量分布

2011 年 11 月 8 日，思科宣布正式成立其位于杭州、苏州和合肥的思科中国研发中心（CRDC）分支机构。为帮助思科开发创新网络技术和产品，这些城市中现有的思科研发团队将与思科中国研发中心进行高效整合，并一如既往地为加强思科在中国的研发发挥重要作用。杭州、苏州和合肥三地研发中心的成立，表明思科对中国市场的高度重视，也表明思科决心提高自身的创新能力和在行业内的地位。

不知思科在杭州、苏州和合肥三地研发中心的技术研究成果如何，但是能够改变思科衰落现状的转折点到目前为止还没有出现，技术创新需要时间的积累，思科能否创造奇迹进入复活期？或许一年后的今天再透过其专利数量分析思科发展状况，会有不一样的发现，也有可能的是，这个复活期需要更长的时间，在市场激烈竞争下，保持高度的创新精神或许是企业长期处在不败之地的唯一途径。

2. 专利技术发展趋势与竞争态势均令人担忧

思科在中国称王的 IP 领域，集中在硬件产品，以路由器、交换机、IOS 软件为主，还有宽带有线产品、板卡和模块、内容网络、网络管理、光纤平台、网络安全产品与 VPN 设备、网络存储产品、视频系统、IP 通信系统、无线产品等；从技术角度分析，思科在中国的专利技术布局如图 5-2 所示。

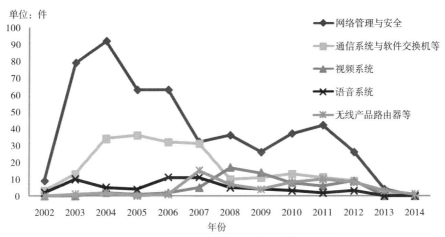

图 5-2　思科中国各技术领域专利发展分析

早在 2002 年，思科在中国公开了一种光学 WDM 网络的分插节点的专利（专利公开号：CN1378729A），解决了光在光纤路径中的传播问题，该专利同族数量达 19 件，在美国、日本、德国以及欧洲的多个国家申请专利。在网络产业初步兴起的中国，思科就奠定了专利技术基础。

2004 年，思科在中国又公开了一件重要专利（专利公开号：

CN1503595A），该专利公开了用于处理无线网络中漫游的移动节点的方法和系统，系统使用在移动节点被最初认证时所建立的子网上下文管理器为移动节点存储当前网络会话密钥、安全策略和会话的持续时间（如会话超时时间）。该件专利同族数量有 23 件，表明思科非常重视网络管理与网络安全方面，2004—2006 年，思科在中国的相关专利数量也达到最高点。

2009 年，思科提出一种产生用于通信会话的统一计费记录的系统和方法，该方法还包括合并接收到的所述计费数据和策略数据。该专利（公开号：CN101401408A）有 37 件同族专利，此阶段，思科在中国已经处在专利下降阶段，自 2007 年开始至今，思科专利数量总体趋势下滑。

说到思科的衰落，就要提到竞争对手华为。早在 2003 年，思科对华为提出起诉，称华为窃取了思科的代码。当时的思科号称是"永远也不会倒下"的设备制造商；而那时的华为不过是一个以"低端"形象示人的中国电信设备厂商。这单官司在当时被业界视为一个具有象征意义的事件。两家于 2004 年 7 月握手言和，官司以和解告终。但两家的对抗远未结束。2011 财年，思科收入为 432 亿美元，华为收入为 320 亿美元，华为与思科之间的差距在 8 年之间大大缩小，作为后起之秀的华为与网络巨头思科之间的竞争可谓备受关注。

2012 年 10 月，华为、中兴被美国认定威胁国家安全。随后，思科又"翻出旧账"表示，华为对 2003 年两家公司之间的专利侵权纠纷做出了错误的表述，思科因此公布了此前机密文档的部分内容，并指控华为抄袭自己的代码。对此，华为予以否认，表示思科是本次美国国会出台对华为和中兴不利报告的幕后推手，"思科试图利用美国贸易保护，通过垄断美国市场获取高额利润，即便华为和中兴在美国市场只有很少的份额"，也因为华为在企业网等诸多领域对思科构成诸多挑战。

3. 并购成瘾，抑制内生式创新；"棱镜门"事件雪上加霜

2013 年 1 月 24 日，据国外媒体报道，全球最大的网络设备制造商思科宣布，以大约 4.75 亿美元的价格收购以色列网络优化软件厂商 Intucell。Intucell 的技术能够帮助无线运营商管理它们的网络。思科在声明中表示，整个交易预计将在截至 4 月末的思科第三财季内完成。思科收购 Intucell，旨在从无线运营商手中获取更多营收。但是思科 CEO 钱伯斯说，他无意用这笔钱去收购美国公司。因为这笔钱的 80% 都存在海外，如果思科要在美国国内花这笔钱，那么公司就会被课以 35% 的重税。

"棱镜门"事件对已经走向下坡路的思科来说无疑是雪上加霜。2013 年 6 月，特工爱德华·斯诺登（Edward Snowden）披露了美国国家安全局（NSA）的"棱镜"（PRISM）监视项目和 Verizon 元数据收集项目，并指称美国的黑客部队已经高度渗透到中国的网络内部。思科是美国政府和军方的通信设备和网络技术设备主力供应商，其军民关系相比华为、中兴与中国政府的关系更为密切。在战争状态中，美国政府极有可能利用思科在全球部署的产品，利用其对网络设备、通信设备等的掌控与监控能力，对敌国实施致命打击。思科对中国网络的掌握与监控能力又如何呢？安全问题成为国人关心的重点问题。经过检索分析发现，思科在中国的专利技术中涉及安全技术的共计 65 件专利，约占专利总量的 6%，这个比例不容忽视，对于以硬件产品为主的思科来说，其对安全问题是相当重视的。在"棱镜"曝光后，思科在中国的发展也遭遇了前所未有的挑战。

思科对网络设备和通信设备的安全掌控能力是毋庸置疑的，在中国，网络产业兴起为思科在中国的快速发展奠定了基础，但是思科也对中国的互联网安全构成了巨大威胁，中国应该大力发展自己的互联网技术。思科现有客户在"棱镜"后开始寻求其他网络设备供应商，本土企业华为将成为此次事件的最大受益方。

4. 发展受阻，但专利实力不容忽视

虽然思科的发展遇到诸多阻碍，但其竞争实力不容忽视，拥有优秀专利技术的思科凭借手中专利将继续保持领先地位。图5-3为思科在中国的专利法律状态分布。

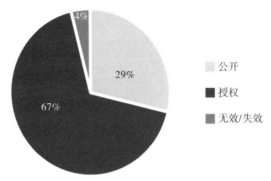

图 5-3　思科中国专利法律状态分布

从思科在中国专利法律状态分布来看：授权专利为780件，所占比例最高，达到了67%；其次为公开专利332件，约占总量的29%；无效/失效所占比例最低，占比为4%（表5-1）。由此可见，思科在中国的专利维持状况良好，思科产品取得了较好的专利支撑。

表 5-1　思科中国专利法律状态分析

法律状态	法律状态描述	数量
授权【780】	授权	771
	发明专利更正	5
	著录事项变更	2
	发明专利公报更正	1
	外观设计专利公报更正	1
公开【332】	实质审查的生效	325
	公开	7

法律状态	法律状态描述	数量
无效/失效【44】	发明专利申请公布后的视为撤回	24
	发明专利申请公布后的驳回	19
	专利权的终止	1

进一步来看：截至 2014 年 8 月，思科公开的专利约 98% 已进入实审阶段，可以预见在不久的将来，这一大批技术将被纳入被保护的范围。

思科处于失效状态的专利仅有 1 件，该件专利于 2003 年申请，最终以未缴年费专利权终止。可见：思科专利的维持状况非常好，虽然近年来其放缓了在中国的发展，但中国市场依然是其不愿放弃的一块蛋糕！

（数据来源：知识产权出版社咨询培训中心 i 智库，截至 2014 年 8 月 31 日）

（撰稿人：金雪　曾艳琳）

4G 生死时速，专利不容忽视

4G 通信时代已经到来，传输速率理论上能够达到 100Mbps，是目前家用网络宽带（4M）的 25 倍；同样的，4G 网络在通信带宽上比 3G 网络蜂窝系统带宽高许多，是通信速度的又一次飞越。经历了第一代数字通信（语音通信）到第二代数字通信（图像、视频和语音等数据传输）的突破式发展，第二代数字通信到第三代数字通信（3G）的速度提升，现在 4G 通信将引领高速数据通信的新发展。如此高速的通信跑道必将带动大批通信设备和网络设备的全新应用，由此引发的竞争必然非常激烈。例如，4G 通信技术在移动终端（手机）的应用。表 5-2 为目前手机市场主流品牌支持 4G 网的型号。

表5-2　手机市场主流品牌支持4G网的型号

品牌	苹果	三星	HTC	华为	中兴
型号	5C A1518	GALAXY SII i9100	HTC816	D2-6070	U9815
	5C A1529	GALAXY SII 4G	HTCM8	MATE2	Grand S II
	5C A1530	GALAXY NOTE II	HTC EVO 4G	G716	Nubia Z5S LTE
	5S	GALAXY NOTE 3		p6	Nubia Z5S mini LTE
	iPhone 6	GALAXY S4 Zoom		p7	Nubia X6
					红牛 v5

除此之外，多数大品牌手机厂商纷纷推出自己的4G手机产品，以响应4G发展潮流。4G网络的兴起是通信技术的一次革新，将带动从与人们日常生活密不可分的手机到无线网络、导航系统、多媒体技术等多领域的更新换代。

透过国内4G技术相关专利分析4G相关产品竞争力。

1. 4G通信涉及多个应用领域，市场前景广阔

4G通信涉及无线网络、数字信息传输、图像传输、电话通信、波导及音频等多技术方向，贯穿手机、汽车、飞机、测量监控等各应用领域，市场前景广阔。

4G通信技术在无线通信网络、数字信息传输和传输系统三个技术方向的专利数量占据前三位，见图5-4。

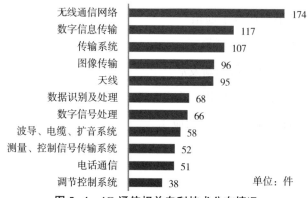

图5-4　4G通信相关专利技术分布情况

4G 通信技术在图像、天线、音频系统、电话通信等技术领域的应用占据专利优势，这些技术的发展都与人们的日常生活息息相关；同时 4G 相关专利技术在测量监控系统、汽车电子通信、飞机等领域也有应用。

2.国内 4G 通信专利技术尚未形成清晰的竞争格局，处在专利技术初步发展阶段

4G 通信技术涉及的专利申请人数量较多（1 000 多位专利申请人），但是专利总量不多（2 000 多件专利申请），其中占有专利数量最多的申请人专利数量有 30 多件，绝大多数专利申请人只有几件专利申请；在国内，4G 产品的相关专利技术掌握在众多竞争者手中，专利技术较为分散，大多竞争者都没有较强的竞争优势。图 5-5 为专利数量 10 件以上的申请人排名。

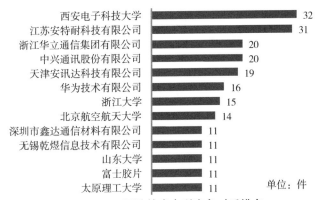

图 5-5 4G 通信技术专利竞争对手排名

可见，国外来华总体专利数量较少，其中日本来华专利数量相对较多，夏普公司、精工爱普生株式会社和松下集团排名前三位，专利数量分别为 8 件、7 件和 6 件。可见，在 4G 专利市场，国内外竞争者都没有明显的竞争优势，发展前景广阔。

在新技术崭露头角的初步发展时期，把握好时机加大发展新技术产品是符合时代发展趋势的，更是在 4G 技术领域占据竞争地位的重要抉择。在未来快速领跑的 4G 技术带动下，如何使自己的产品同步稳定发展呢？

笔者认为加大对 4G 技术的专利战略保护是非常重要的。目前，涉及 4G 技术的产品、方法可谓雨后春笋，技术方向和应用领域更是十分广泛，如果在 4G 技术方向做好技术开发，积极申请专利并获得保护，将奠定您在 4G 技术领域的竞争基石。

（数据来源：知识产权出版社咨询培训中心 i 智库，截至 2014 年 7 月 22 日）

（撰稿人：金雪）

专利误用——碳元科技吓跑三星

据韩国媒体 etnews 于 2014 年 7 月 21 日报道，中国石墨散热片厂商碳元科技股份有限公司（以下简称：碳元科技）为了抢攻韩国市场，向三星电子等韩国工厂指控中国同业侵犯碳元科技专利，用激烈手段捍卫市场占有率。碳元科技的主力产品是石墨散热片，该公司 2013 年成为三星电子供应商，但因产品品质不佳，过晚交货，只出货一批就不再续约。三星考虑向其他六七家中国业者下单，碳元科技再次争取三星订单不成，转而寄发正式档案向三星等韩国工厂指称，中国多数同业侵害碳元科技专利技术，引发中国业界大地震。

三星和主要供应商因此决定不向涉入争议的中国厂商下单，转买美国货。遭指控的中国业者极力自清，表示绝未侵权，并称碳元科技违法影响营运，准备提告。

碳元科技此举真是损人不利己啊！笔者在看这条新闻的时候也在思考三件事：

一是碳元科技是否拥有石墨散热片相关专利，而这些专利目前的状况如何？

二是其他几家中国同业者是否侵犯了碳元科技的专利技术？

三是碳元科技在处理该事件的方式上是否欠妥？还有其他更好的处理方式吗？

带着这样的疑问，笔者决定初探一下碳元科技的专利现状。笔者首先在 cnipr 专利信息服务平台上检索出碳元科技的专利，经简单分析可得到关于碳元科技如下一些专利信息。

（1）碳元科技从 2010 年开始申请专利，截至 2014 年 7 月 31 日，专利申请总量为 61 件，其中发明申请 33 件，实用新型 26 件，外观设计 2 件。获得授权的专利共计 30 件，包括 2 件发明申请，26 件实用新型及 2 件外观设计专利。

（2）碳元科技仅在中国申请了专利，还未在国外进行专利布局。

（3）碳元科技目前仅有一件发明专利申请公布后视为撤回，其他 60 件专利，有 30 件还处于审查状态，另外 30 件均处于有效状态。

（4）大部分的专利技术集中在高散热体的材料、结构和制备方面。近期在高导热石墨膜的制造材料、方法及系统领域取得了一定的研究成果。

（5）单位名称发生了两次变更，申请时均以常州碳元科技发展有限公司为申请人，第一次变更为江苏碳元科技股份有限公司，再次变更为碳元科技股份有限公司。

（6）大部分专利的发明人（设计人）一栏都选择了不公布其姓名。

由此可见：碳元科技在散热技术领域已取得了一定的研究成果并申请了专利对其技术进行保护，目前已授权的大部分专利为不需要经过实质审查的实用新型专利，其专利权的稳定性还有待进一步考证，因而，其他中国同业者可进一步对碳元科技的专利技术进行研究，侵权与否碳元科技说了不算，经过侵权调查才能最后下结论。

我们再来看看碳元科技处理这件事情的方式：直接指控同业们侵权，笔者觉得这样做太欠妥了，损人也不利己，最后谁也没有吃到蛋糕。那么碳元科技如果换一种处理方式呢？

企业通过申请专利可以保护自身的智力成果，并占有市场获取利润，同

时，也可以将专利技术许可、转让给他方使用，获得相应的许可费用。碳元科技拥有专利技术，并得到了三星的认可，证实了其专利技术具有一定的价值。那么碳元科技一方面可以利用这些技术自行生产，这也是其之前采取的方式，但其产品品质差，得不到客户的认可。另一方面，三星既然考虑向其他六七家中国业者下单，那么是否其他这些厂家的产品品质能达到三星的标准呢，碳元科技何不考虑通过专利许可、转让等方式与这些企业合作，最终实现双赢。

（数据来源：知识产权出版社咨询培训中心 i 智库，截至 2014 年 7 月 31 日）

（撰稿人：曾艳琳）

专利"预言"iPhone 6 外观

1. 第一代苹果手机

专利的新颖性决定专利申请早于产品发布，签于这一特点，我们试图通过专利来预言 iPhone 6 的外观。

通过专利检索（search. cnipr. com）我们发现了一件专利号为 CN201330491611.7 的外观专利，该专利的优先权日为 2013 年 4 月 18 日。虽然其中国专利申请时间要早于其发布时间，但通过其申请时间以及与 iPhone 各系列的对比分析，认为该专利是 iPhone 6 系列的外观专利（图 5-6）。

由于目前推测，苹果手机将推出移动支付功能，即在手机中嵌入 NFC 技术，因此推测，iPhone 6 手机后壳或许会采用塑料壳身来减少信号干扰。

苹果公司于 2007 年 1 月 10 日首次推出 iPhone 手机，通过外观专利检索发现其在 2007 年 6 月 29 日申请了 27 件关于 iPhone 一代手机的专利，这些专利的优先权日均为 2007 年 1 月 5 日，即苹果公司在其手机发布的前五天进行专利布局（图 5-7）。（以下图片来源：search. cnipr. com）

立体图

仰视图

图 5-6　专利号为 CN201330491611. 7 专利附图

图 5-7　iPhone 一代手机专利附图

2. iPhone 3g 系列

2008 年 7 月 11 日苹果公司推出了 iPhone 3g 手机，关于 iPhone 3g 系列的外观专利申请于 2008 年 10 月 7 日开始共 4 件，这些专利优先权日均为 2008 年 4 月 7 日（图 5-8）。

图 5-8　iPhone 3g 手机专利附图

3. iPhone 4 系列

苹果公司于 2010 年 6 月 8 日推出了 iPhone 4 手机，而关于 iPhone 4 系列的外观专利只有一件，申请日为 2010 年 9 月 17 日，优先权日为 2010 年 4 月 19 日，该外观专利涵盖了 iPhone 4 与 iPhone 4s 的所有外观设计（图 5-9）。

图 5-9　iPhone 4 手机专利附图

4. iPhone 5 系列

苹果公司于 2012 年 9 月 13 日推出 iPhone 5 手机，而关于 iPhone 5 系列的外观专利申请从 2012 年 9 月 18 日开始共 4 件，这些专利均主张优先权，其中一件专利的优先权日是 2012 年 5 月 29 日，其他优先权日为 2012 年 9 月 7 日（图 5-10）。

通过上述介绍，我们可以发现：苹果公司首次申请的外观专利仅早于手机发布时间几个月，甚至几天，而在中国专利的申请时间总是晚于其手机的发布时间，因此认为这是苹果公司出于设计保密而采用的一种专利战略。

图 5-10　iPhone 5 手机专利附图

关于苹果公司在 iPhone 系列的最新专利我们会持续关注，为大家带来最新产品信息，敬请关注。

（数据来源：知识产权出版社咨询培训中心 i 智库，截至 2014 年 5 月 30 日）

（撰稿人：桑芝芳）

苹果 Siri 真的不能使用了？

2014 年 7 月 9 日，北京市第一中级人民法院宣布驳回苹果公司对上海智臻网络科技有限公司提出的关于专利号为 ZL200410053749.9 的专利权的无效请求。一石激起千层浪，众多媒体争相报道，"Siri 语音功能软件"将在苹果手机上无法使用。事实是否如此呢？还是另有玄机？笔者从专利的角度带大家解读一下。

笔者查阅了苹果公司与上海智臻网络科技有限公司之间关于 Siri 的恩怨纠纷，详见图 5-11。针对这一诉讼结果，众多媒体争相报道，并且指出"Siri 语音功能软件"将在苹果手机上无法使用，这是媒体的一种误读，笔者在此做一下解释。

专利行政诉讼是申请人针对专利复审委员会做出的复审、无效决定不服向法院提出的一种行政司法救济，其所审理的内容是专利权的有效性。而专利侵权诉讼是专利权人为维护其自身的利益，对侵权人的侵权行为提

出的一种民事司法救济，其所审理的内容是侵权人的侵权行为。一般情况下，当侵权人因侵权行为被专利权人告上法庭后，都会对专利权人的专利向专利复审委员会提出无效，如果对专利复审委员会的决定不服，则会向法院提出专利行政诉讼。这是侵权人针对其侵权诉讼的一种诉讼手段和策略，因为，一旦专利能够被无效，则不存在专利侵权行为，侵权诉讼就会终止。

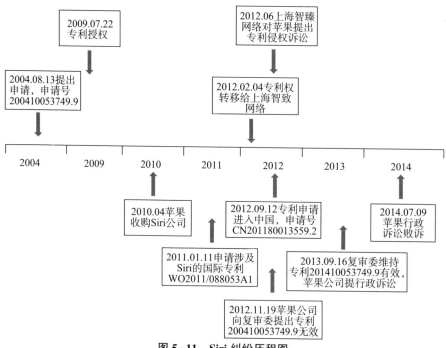

图5-11 Siri 纠纷历程图

就本案而言，苹果公司败诉的是专利行政诉讼，所获得的结果就是上海智臻网络科技有限公司的专利 ZL200410053749.9 仍然有效，但是苹果公司的败诉并不代表 Siri 语音助理技术就不能在 iPhone 手机中使用，因为上海智臻网络科技有限公司在上海第一中级人民法院提出的专利侵权诉讼并没有结束，苹果公司的 Siri 语音助理技术是否侵犯上海智臻网络科技有限公司的小 i 机器人的专利权仍未有定论，只有该专利侵权诉讼产生了有效终审结果，才能判断苹果公司是否存在侵权行为，"Siri 语音功能软件"能否在苹果手机上使用才有定论。

判断产品是否侵犯专利权，需要采用侵权人的侵权产品与专利权人的专利权利要求进行比较。虽然无法拿一个具体的 iPhone 手机产品进行拆分，与专利权进行对比，但是，由于已经找到"Siri 语音功能软件"所申请的专利 CN201180013559.2，笔者在此斗胆通过理解专利 CN201180013559.2 对 Siri 语音功能软件的介绍，从而判断 Siri 语音功能软件与上海智臻网络科技有限公司的专利的异同，方法并不严谨，仅仅提出自己的一个小观点，给大家一种新的小思路。

上海智臻网络科技有限公司的小 i 机器人专利的独立权利要求 1 为：

一种聊天机器人系统，至少包括：一个用户和一个聊天机器人，该聊天机器人拥有通讯模块、查询服务器、游戏服务器和相应的数据库，其特征在于，所述的聊天机器人还拥有一个人工智能服务器，具有一定的人工智能和强大的信息服务功能；所述的用户通过即时通讯平台或短信平台与聊天机器人进行各种对话。

上海智臻网络科技有限公司在上海第一中级人民法院的首次公开庭审过程中当场用新购买的 iPad mini 连接互联网进行比对演示。在说出"查天气""今天热不热，要不要打伞"等语句后，Siri 分别给出了相应的回答，实现了小 i 机器人的功能，从而辩称苹果公司产品侵权。

对于专利侵权判定的一个最重要的原则就是全面覆盖原则，具体含义是在判定被控侵权技术方案是否落入专利权的保护范围时，应当审查权利人主张的权利要求所记载的全部技术特征，仅仅能够像上海智臻网络科技有限公司演示的一样，实现相同的功能，并不代表产品侵权。

通过 CN201180013559.2 介绍的"Siri 语音功能软件"与该独立权利要求进行比较分析发现，首先小 i 机器人专利要求保护的系统包含游戏服务器模块，也就是在该软件系统本身自带一个游戏的功能，而 Siri 语音功能

软件并不具有该游戏功能，笔者特意研究了一下 iPhone 手机上的 Siri 软件，也证实该软件自身并不带有游戏功能。因此，从这一点上看，"Siri 语音功能软件"并没有满足全面覆盖原则，专利侵权判定并不成立，上海智臻网络科技有限公司的演示有断章取义之嫌。

另外，专利侵权判定中对权利要求中的每一个技术特征的认定必须满足相同或等同于侵权产品对应的部分，当所有的技术特征都实现这一认定规则，才能使侵权成立。

小 i 机器人专利要求保护的系统具有查询服务器，但是该查询服务器是针对格式化命令语句而实现的，而"Siri 语音功能软件"是一个纯语义实现的过程，其查询方式与小 i 机器人的查询方式完全不同，这是否能够构成相同或等同，值得考证。

正如苹果公司认为，通过比对可以发现，Siri 系一种智能私人助理，尽量帮你办到你想办到的事情；而涉案专利所涉及的聊天机器人，主要是聊天和进行游戏，两者完全是不同的东西。小 i 机器人与 Siri 系统实现的功能完全不同，其保护权利要求中的每一个技术特征与 Siri 产品对应的特征能否构成相同或等同，需要更加专业的判断，笔者在此仅仅是提出自己的疑惑。

另外，从时间点上看，小 i 机器人的专利申请时间是 2004 年，其主要针对的是 QQ、MSN 等网络聊天工具，那个时候智能手机开发还并不完全，因此，小 i 机器人技术是否能够用在多年后的智能手机，其当时的设计思路是否是解决 Siri 软件所解决的问题，实现与 Siri 相同的工作，此处存在些许的疑惑。

专利侵权的认定过程是非常专业而复杂的，苹果公司与上海智臻网络科技有限公司之间的专利恩怨纠纷将会如何发展，还需要通过法官专业的评判去揭晓，果粉们能否在 iPhone 手机中继续使用心爱的 Siri 还需要时间去证明。

Siri 的命运会如何，笔者将会继续关注，也欢迎各位专利大拿分享你们对 Siri 命运的观点。

（数据来源：知识产权出版社咨询培训中心 i 智库，截至 2014 年 7 月 10 日）

（撰稿人：周明新　马永涛）

第六章

专利与医药行业

中国制药企业——透过危机迷雾，敢问路在何方？

医药是一个特殊而重要的行业，以高技术、高投入、高风险、高效益著称。新药研发投资巨大、研发周期漫长，开发一种新的化学药物成本高达 8 亿~10 亿美元，从药物筛选到最终产品上市，时间跨度长达 10 年，而每上市 10 种新的药品，平均仅有 3 种可以盈利，并且只有 1 种盈利较多。因此，当新药研制成功后，制药企业往往需要一段时期的市场垄断以回收研发成本，并赚取利润。

因此，在医药领域，专利制度所发挥的作用较大。专利制度为制药企业提供了最佳的法律保障，发明专利 20 年的保护期足以让其在合法的市场垄断期赚得盆满钵满。并且，长时期的市场占有可有效培养消费者的品牌忠诚度，相当数量的消费者会在专利保护期满后仍然会选择购买该制药企业的产品，因此，大多药企将专利作为维护其市场地位的利器，运用得炉火纯青。

我国专利制度建立较晚，《中华人民共和国专利法》于 1984 年才颁布，与其他国家的专利史相比，中国属于专利制度建立较晚、历史较短的国家。但《专利法》实施 30 多年以来，我国专利事业发展迅速，自 2011 年起，中国专利申请量已取代日本，位居世界第一位。而其中不乏国外跨国巨头在中国进行的专利布局，医药行业更是如此。

为了保证产品在中国市场的顺利销售，同时意图阻止同行的低成本仿制，大多跨国制药企业在中国进行了大规模的专利布局。我们从 *Pharma-*

ceutical Executive（美国《医药经理人》杂志）6 月 9 日公布的 2014 年度全球制药企业 TOP50 名单中选取了全球前 10 制药企业，对其在中国的专利布局情况进行了调查。

表 6-1 数据表明，全球前 10 制药企业均在中国申请了相当数量的专利，仅仅发明专利而言，这 10 家企业均布局超过 500 件，且保持较高比例的专利储备率。专利数量如此之高，反映了这些企业对专利保护的重视，同时也反映了其占领中国市场的决心。

表 6-1　全球 TOP10 医药企业来华专利布局状况

排名	企业	总部地点	来华发明申请数量/件	来华发明专利储备占比	化合物本身占比
1	诺华	瑞士巴塞尔	798	70.18%	12.41%
2	辉瑞	美国纽约	2 424	28.59%	57.67%
3	罗氏	瑞士巴塞尔	3 681	55.56%	54.09%
4	塞诺菲	法国巴黎	1 313	56.36%	52.86%
5	默沙东	美国新泽西州	747	43.51%	48.46%
6	GSK	英国布伦特福德	936	50.64%	41.77%
7	强生	美国新泽西州	978	41.82%	2.46%
8	阿斯利康	英国伦敦	1 970	22.99%	67.21%
9	礼来	美国印第安纳州	978	41.21%	56.03%
10	艾伯维（雅培）	美国伊利诺伊州	520	86.92%	46.35%

注：专利储备量=有效专利数量+专利申请在审数量。

进一步对其专利布局进行分析发现，除了诺华和强生，其他 8 家制药企业在中国的专利申请超过 40%以上都涉及化合物本身。

由于文化背景的差异，国外企业的药品技术研发基本限于化学药物，而化学药物的专利保护以化合物本身为技术保护的核心，制备方法、组合物和制剂均为衍生技术，属于技术保护的外围（图 6-1）。

国外企业的专利申请中聚集了如此数量多的核心专利，说明其技术研发重点在于化合物药物研发。事实上，研发中的化合物药物，大多在研发过程中就会被放弃，走不到最终上市，但药企依然对其进行了严密的专利保护，不放过一线可能，这一方面反映出其强大的技术实力和雄厚的经济实力，另一方面也最大可能的避免了其他同行对其研发领域的涉足，从而形成了完善的产品保护策略。

图 6-1 化学药物专利布局特点

反观国内制药企业，形势却不容乐观。根据 2013 年中华人民共和国工业和信息化部（以下简称工信部）及 2013 年国家食品药品监督管理总局南方医药经济研究所对外公布的"全国医药工业百强榜"，选取国内前 10 制药企业同样进行了专利调查。

表 6-2 数据表明，仅仅从发明专利数量进行比较，国内制药企业和全球前 10 企业已呈现巨大的差距。除了华润医药和天津市医药集团外，国内 TOP10 中的其他 8 家企业发明专利申请量均不足 500 件。

而需要注意的是，专利申请人通常的技术保护策略是先本土后海外，即其在本土进行最为广泛的专利申请，无论市场前景如何，技术一旦产生，通常都会被申请进行专利保护。而其对海外专利申请则相对慎重，通常会选取较有前景的技术。因此，国外药企来华申请的专利仅仅是其全球专利布局的一小部分，但其数量已远高于中国本土企业。

表6-2　中国本土医药企业中国专利布局状况

排名	企业	总部地点	发明申请数量/件	发明专利储备占比	化合物制备占比	中药占比
1	广州医药集团有限公司	广东	460	79.13%	12.33%	26.81%
2	修正药业集团股份有限公司	吉林	59	76.27%	15.25%	44.07%
3	扬子江药业集团有限公司	江苏	225	60.44%	30.22%	16.89%
4	华北制药集团有限责任公司	河北	251	81.67%	45.82%	1.99%
5	华润医药控股有限公司	香港	526	80.04%	27.95%	30.04%
6	威高集团有限公司	山东	168	65.48%	0.00%	0.00%
7	哈药集团有限公司	黑龙江	281	75.80%	22.06%	28.47%
8	石药集团有限公司	河北	278	90.29%	39.57%	7.19%
9	天津医药集团有限公司	天津	1 026	82.16%	32.85%	43.57%
10	中国医药集团总公司	北京	425	84.24%	44.24%	19.53%

注：专利储备量=有效专利数量+专利申请在审数量。

进一步进行专利布局方向分析发现，国内企业专利布局方向较为混乱，通常中药、化学药均有所涉及，但重点不突出，其中中药制备专利数量超过40%的仅有两家，即修正药业集团股份有限公司和天津医药集团有限公司，而化学药制备专利占比超过40%的也有两家，即华北制药和中国医药集团。对于化学药较为核心的化合物本身技术，专利申请寥寥无几，专利保护力度较弱。

面对国外跨国巨头的来势汹汹，我国制药企业危机重重，综合来看，其面临的问题主要还是技术力量薄弱，技术水平较低，包括以下三点。

（1）化学药研发缺乏核心技术，处于技术追随状态。国内TOP10制药企业对化学药物研发大多进行的是化合物制备、组合物、制剂等外围技术领域的研究，较少涉及化合物本身，与国外跨国公司相比，我国在化学药物领域的技术研发尚未触及核心，仍处于国外研发新药，国内在其基础上进一步研究的状态，这样固然可以降低成本，但对于TOP10企业而言，战略眼光未免有些偏低。

（2）中药研发保护力度较弱，未能体现我国传统技术优势。中药是中华民族的瑰宝，但从国内 TOP10 制药企业专利布局情况来看，虽然较多企业涉足该领域，但所占比例很低，仅修正药业和天津医药集团占比较高，反映出其主要产品定位在中药领域。但从具体专利技术方案来看，主要为中药组方保护，且多为封闭式权利要求，这种权利要求的撰写方式不利于中药产品的技术保护，易被侵权。

（3）技术研发方向混乱，未能形成自己的研发优势。国内 TOP10 药企并未像国外同行一样专注于化学药品的研发，而是对化学药、中药和生物制药领域均有所涉及，这样在本身经济、技术实力有限的情况下，未能集中人员资金的优势，专注核心产品的研发，形成自身的优势。

我国药企应当何去何从？我们从专利角度建议如下。

（1）选定方向，集中研发，打造技术优势。鉴于国内 TOP10 药企除威高集团主打医疗器械产品，专利布局领域集中外，其余企业对专利布局涉及多个领域，重点不突出，研发投入分散。我国药企应综合自身情况，选定优势领域，明确自身产品定位，集中投入研发，深挖该领域技术，集中申请专利，形成专利集群，以产生技术竞争优势，并形成同系列专利产品，借助专利垄断市场，这样企业盈利规模也将扩大，有利于企业持续强势发展。

（2）寻找技术合作伙伴，形成合力，开创核心技术，摆脱技术追随。一个企业的资金和研发精力毕竟有限，技术合作是解决这一问题的有效方法。我国医药领域中，高校和研究机构的专利申请占有很大比例，尤其在化学制药和生物制药领域，科研院所对基础化合物合成及新的生物制品研发热情较高。企业应对这一部分研发力量进行关注，充分利用高校及研究机构的研发能力，促进技术向产品的转化，提升企业创新能力，产生核心技术，从而摆脱技术追随的窘境，强化市场地位。

（3）围追堵截，削弱跨国企业技术优势。国外对中国市场的关注体现

在其庞大的专利布局上，我国药企不应坐以待毙，在跨国企业的专利网中，我们也应通过分析，明确其未来的产品方向，尽可能提前进行自己的专利布局，以对跨国企业的市场入侵造成障碍，削弱其技术优势。具体而言，我国药企应当积极关注国外药企专利申请情况，开展技术跟踪，进而分析，找出可以插手的方向，尽早进行技术研发，布局专利，占领专利阵地，消弱跨国企业技术优势，以较小的研发投入获得理想的专利成果，不再坐等国外药企形成完整的专利网络。

综合来看，我国医药行业目前处境堪忧，内忧外患，外有跨国药企来势凶猛的市场争夺，内有研发力量薄弱，缺乏核心技术的技术困境，作为我国医药行业龙头的 TOP10 医药集团，基本都有上市公司作为子公司，具有较强的融资能力，其战略眼光应当放高放远，不应仍局限在坐等国外专利到期进行药品仿制这一点点的利润，而应及早走在技术研发的前沿，形成自身的核心技术，产生和国外企业一较高下的实力。

（数据来源：知识产权出版社咨询培训中心 i 智库，截至 2014 年 6 月 18 日）

（撰稿人：肖丽　贾丽娜）

并购背后——透过滇虹药业看中国中药专利格局

2014 年 11 月 17 日，"合以致胜——滇虹药业加入拜耳集团"庆典仪式在昆明举行，这意味着拜耳集团对滇虹药业 36 亿元人民币的收购案正式完成，滇虹药业成为拜耳集团的新成员，本次收购包括滇虹药业在昆明、上海和成都的 4 个生产基地和 1 个研发中心。

此次收购滇虹药业主导方为拜耳（全球），而非拜耳（中国）。此前有些外资药企对于中药企业的收购，多是从资源、流通的角度去收购，而此次拜耳收购滇虹药业，既获得了滇虹药业在云南的植物资源，也获得了其

OTC 渠道，另外也获得了滇虹药业的中药专利以及中药批文，这是外资药企难以直接获得的。

那么，拜耳收购滇虹药业究竟看中它什么呢？专利是否是此次收购的重要影响因素呢？我们今天便来一探究竟。

1.滇虹药业专利类型不具备优势

滇虹药业作为中国非处方药物领域的领先企业之一，其专利申请量不容小觑，但在目前已公开的 214 件专利申请中，外观设计占比高达 71.96%，发明专利仅为 55 件，实用新型为 5 件（图 6-2）。众所周知，发明专利由于经过实审，权利稳定性较强，且专利保护期长达 20 年，显然具有更高的含金量，因此从专利类型情况来看，目前滇虹药业的专利布局不具备优势。

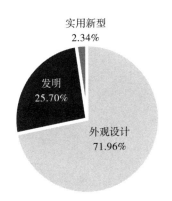

图 6-2　滇虹药业专利类型状况

进一步考究这些专利的出处，主要是昆明滇虹药业有限公司、上海滇虹药业有限公司、滇虹药业集团股份有限公司、四川滇虹医药开发有限公司、云南滇虹药业集团股份有限公司、滇虹天然药物厂、云南滇虹药业股份有限公司为申请人（专利权人）申请的，其中 137 件是昆明滇虹药业有限公司申请，34 件是滇虹药业集团股份有限公司申请（图 6-3）。

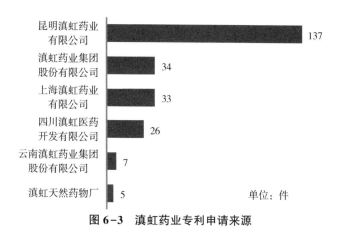

图6-3 滇虹药业专利申请来源

2.滇虹药业中药专利具有含金量

从技术分布情况来看，滇虹药业申请的专利中，涉及外包装的专利最多，有154件，具体包括洗护用品和药物的包装盒、包装瓶、标贴、瓶贴等；而涉及中药的发明及实用新型专利仅有26件，内容涉及中药制剂、草药种植、中药提取物及中药的质量控制等方面，这些专利所涉及技术在中药领域较为核心，想必也是拜耳收购滇虹的原因之一；涉及化学药物的发明及实用新型专利有23件；此外还有部分专利技术方案涉及制药设备、生物制剂、给药器和洗护用品等（图6-4）。

综上分析得知，拜耳之所以选择收购滇虹药业，除了看重滇虹药业在云南的植物资源及其OTC渠道，知识产权资源应该也是拜耳的考虑因素之一。众所周知，拜耳在中国中药领域的专利布局远不如其在化学药物领域的专利布局那么强大，无论是其自身、还是其早先收购的公司，已有的中药专利并不多。因此，对滇虹药业的收购，意味着拜耳同时也收购了滇虹药业包括中药制剂、草药种植、中药提取物及中药的质量控制等在内的26件专利，从而使得拜耳快速提升了其在中药领域的实力，并为其下一步在中国中药领域的发展奠定了坚实的基础。

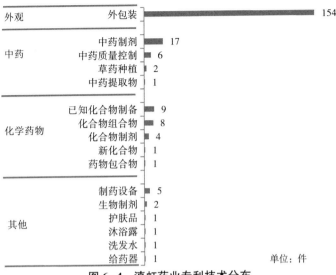

图6-4　滇虹药业专利技术分布

3. 中国中药专利格局：数量大质量不高，需加强创新力度

截至 2014 年 12 月，中国本土申请人在中国中药领域的专利申请占 98.23%，国外来华专利申请仅占 1.77% 左右，其中较高的申请人所属国家排名依次为日本、美国、韩国、德国、法国、印度、意大利、瑞士、英国，均以发明专利申请为主（图6-5）。排名前列的申请人基本都是本土企业，国外知名药企如葛兰素、诺华、赛诺菲等申请量很少，排名非常靠后。虽然中国申请人在专利申请量上占绝对优势，但申请领域主要集中在药物配伍的中药组合物，以及关于丸剂、散剂、膏、洗剂等较为传统的中药制剂方面；而国外医药企业虽然申请数量不多，但它们充分发挥其在植物提取方面的技术优势和制剂改良方面的优势，将传统中药剂型改换为胶囊、口服液等更利于患者服用、吸收的制剂，也提交了相应的专利申请。

面对化学新药研发难度大、失败率高，研发周期和费用持续上升的现状，除了拜耳集团外，还有更多的跨国医药企业巨头陆续挺进中国中药领域。早在 2009 年，诺华就曾高调宣布，将针对中国市场研发中草药，并抛

出"绣球"，以5亿元并购中国药企；2013年葛兰素史克（GSK）在华收购了一批复方中草药研发项目，而此前赛诺菲、诺华也分别有所动作；德国制药巨头勃林格殷格翰也表示将通过外部收购与合作进一步寻找增长的机会，其中包括中药领域。除此之外，日本、韩国、德国等外企近年来对中药的专利申请也在不断升温。

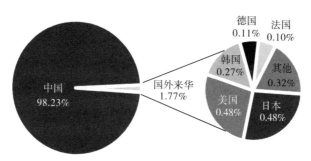

图6-5　中国中药领域专利申请来源

国外巨头进入中药领域对中药产业本身应该是一件好事，凭借国外巨头的明显研发优势、资金优势和营销优势，可以助推中药的标准化、现代化和国际化。

然而随着国外巨头的入侵，中国本土医药企业却面临巨大的压力和挑战。我国中药产业拥有丰富的资源优势，但知识产权保护意识不强、研发创新能力较弱，很多中药配方被日、韩、欧美等获取，并在国外甚至在我国境内申请专利。因此我们要加快实施中药知识产权保护战略，不断加大创新力度，将自己的优势产品做精做强，不断控制和提高产品质量，提高知识产权保护，在向国内申请专利保护的同时也要着眼于国外专利申请保护。只有这样，在与国外医药巨头的贴身肉搏中才有望缩小实力差距。

（数据来源：知识产权出版社咨询培训中心i智库，截至2014年12月17日）

（撰稿人：甘子珍）

从禽流感特效药"达菲"看专利布局

达菲，中国香港地区译为特敏福，台湾地区译为克流感，化学名为奥司他韦（Oseltamivir），由美国的纳斯达克挂牌企业吉利德科技公司（Gilead Sciences）研制开发，罗氏公司通过专利许可生产销售，用于治疗流行性感冒。自 1997 年在香港地区发现 H5N1 亚型禽流感病毒能直接感染人类，禽流感的危机便伴随在我们周围，几乎在每年的春天，都会爆发一次禽流感，病毒类型从 H5N1，发展到 H7N1、H7N2、H7N2、H7N3、H7N7、H9N2 和 H7N9。

2005 年，新华网报道：研究人员发现达菲在动物实验中显示出针对 H5N1 型禽流感的效力，感染禽流感的实验鼠崽服用达菲后，生存率明显提高[1]。因此达菲被认为能在特效药或疫苗问世前作为应急药物。由此，达菲开始供不应求。

达菲于 1996 年获得专利。罗氏公司通过专利许可获得了该药物的生产权，并以"达菲"的商标进行销售，并从销售额中拨出 10%作为支付给吉利德公司作为专利使用费。

目前达菲的市场销售价格达到 26.9 元人民币一粒，而从 2005 年起，通过强制许可仿制达菲的新闻就不断爆出，那么达菲的专利究竟是怎样进行保护的，使得国内外企业不得不采用法律手段仿制，我们对吉利德公司对达菲的专利布局进行了分析。

吉利德科技公司对达菲的保护涉及三件专利，这三件专利均是 PCT 申请，保护覆盖多个国家，技术方案包括达菲的基础化合物专利（WO9626933A1）、其磷酸盐即达菲专利（WO9807685A1）及奥司他韦制剂专利（WO9914185A1）（图 6-6）。

---

[1] http://news.xinhuanet.com/world/2005-07/19/content_3237755.htm.

图 6-6　达菲专利保护路线

其中，达菲的基础化合物奥司他韦专利 WO9626933A1 在 10 个国家/地区获得了授权，进一步对中国专利进行分析我们发现，吉利德在中国对奥司他韦的基础化合物通过分案申请对技术方案进行了更为完善的保护（图 6-7）。

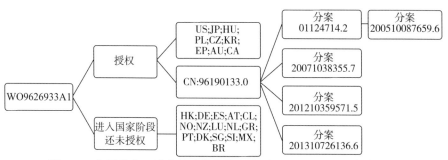

图 6-7　奥司他韦（达菲基础化合物）专利 **WO9626933A1** 全球布局

达菲本身的专利奥司他韦磷酸盐 WO9807685A1 在 7 个国家/地区获得了授权，而在中国吉利德公司同样通过分案申请对技术方案进行了更为完善的保护（图 6-8）。

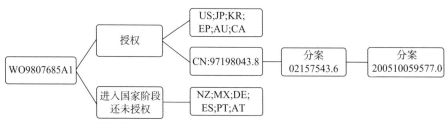

图 6-8　奥司他韦磷酸盐（达菲本身）专利 **WO9807685A1** 全球布局

而达菲制剂 WO9914185A1 的专利权利保护力度则稍显薄弱，仅在澳大利亚、欧亚专利局获得授权，而在中国、韩国、欧洲专利局均被驳回（图 6-9）。

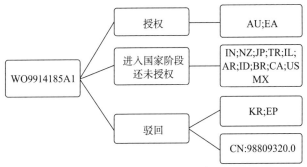

图 6-9 奥司他韦组合物肠衣制剂（达菲制剂）专利 WO9914185A1 全球布局

通过以上分析，我们可以看出，吉利德科技公司对达菲的保护可谓处心积虑，从基础化合物到最终的制剂均布局了专利，并覆盖了多个国家，保护严密，布局完善，以至于仿制该药物不得不通过强制许可方式进行，可见，专利布局对于企业至关重要，而研究竞争对手的专利布局更可洞悉其产品的市场规划。

（数据来源：知识产权出版社咨询培训中心 i 智库，截至 2014 年 5 月 30 日）

（撰稿人：肖丽　贾丽娜）

从最高人民法院年度报告看医药用途发明

2014 年 4 月 21 日，最高人民法院发布了 2013 年知识产权案件年度报告摘要，其中共精选出 30 件典型案件，归纳了 39 个具有普遍指导意义的法律适用问题，均为当今知识产权司法保护的热点难点问题，其中不乏近年来争论最多的"墨盒"案。

在这 39 个法律适用问题中，有 3 个问题涉及医药用途发明的专利行政案件，这与近年欧洲专利局对瑞士型权利要求的审理标准改变具有一定关系。医药用途权专利是什么样的？什么是瑞士型权利要求？它们是如何产生的？我们今天来细究一番。

瑞士型权利要求来源于欧洲的瑞士，我们可以通过欧洲专利局对医药用途专利的审查标准的演变领略到医药用途专利的演变过程。

基本上所有的西药的有效活性成分都是由合成的或提取的化合物获得的。对于全新的化合物，法律上提供的是绝对保护，发明该化合物的发明人自然对新化合物的医药用途具有保护作用，这点无可争议。但是对于已知化合物，某发明人发现其可以用于医疗用途，提供这种服务的人是否应当受到保护，这就产生了争议。

欧洲专利局在该点上以案例 T128/82 的形式首次给出了与传统领域不同标准的新颖性概念，认为即使物质或组合物本身不是新的，只要其首次应用于医学方法，就认为其具有新颖性，并且在案例 T128/82 和 T36/83 中指出，即使在申请文件中仅仅给出一种具体的医学应用，该物质或组合物仍然可以更广泛地保护医学中的任何应用。

欧洲专利局对于已知化合物在医疗方面的用途定义为第一医药用途，通过对新颖性进行调整，从而予以保护。但由于欧洲专利局本身对疾病的治疗方法不能授予专利权，因此，第一医药用途专利实际上是与目的相关的产品权利要求，其并不被所公开的具体的治疗目的而限制。也即，对于化合物的第一医药用途，其所保护的是具有治疗疾病作用的化合物。1973 年欧洲专利公约 54（5）条明确规定，第一医药用途能够享受产品权利要求的保护。

随着医药技术的发展，出现了大量的已知药物治疗新的疾病的情况，如著名的"阿司匹林"最早是用于治疗感冒，但是后来发现其可以用于治疗心血管疾病。这种已知物质的治疗新疾病的性质也是需要发明人花费大量的时间和金钱获得的，但是 1973 年欧洲专利公约 54（5）条将这种情况定义为第二医药用途发明，并且否定了其获得专利权的可能性。

经过医药企业多年的抗争，欧洲专利局在著名的 G5/83 案件中，首次肯定了化合物的制药用途权利要求的形式，其可以用于保护化合物的第二医药用途，由于是瑞士最早提出的，因此，其也称为瑞士型权利要求。随后，在 2000 年的欧洲专利公约 54（5）条规定，肯定了第二医药用途可获得专利保护，撰写形式采用瑞士型权利要求。

随后 2004 年的《欧洲专利公约》修改了 2000 年原公约对医药用途方面的规定，可以采用医药用途，也可以采用瑞士型权利要求的撰写方式，但是并不承认给药剂量等特征的改进具有新颖性。

在 2010 年 2 月，近年来最为著名的案件 G2/08 指出，如果第二医药用途是新的、有创造性的，那么用于这种用途的物质或组合物可以获得专利保护，包括药物新适应症（治疗另一种疾病）、给药途径、给药对象、给药剂量等在内的第二医药用途发明已完全给予了可专利性的保护。可见，欧洲专利局对仅以给药方案等治疗特征为唯一区别特征的医药用途权利要求已经完全放开了其专利可能性，并且该案件明确规定不再使用瑞士型权利要求的撰写方式。

正是由于 G2/08 案件结论的出现，为制药企业的产品的医药用途带来了更多可专利性的可能。因此，在中国的医药专利行政诉讼中，越来越多的制药企业希望能够在中国获得与在欧洲相同的审查结果。而最高人民法院 2013 年的年度报告摘要对这些争论给出了明确的指导：①如果发明的实质及其对现有技术的改进在于物质的医药用途，申请专利权保护时，应当将权利要求撰写为制药方法类型权利要求，并以与制药相关的技术特征对权利要求的保护范围进行限定；②用药过程的特征对药物制备过程的影响需要具体判断和分析；仅体现于用药行为中的特征不是制药用途的技术特征，对权利要求请求保护的制药方法本身不具有限定作用。

我国的医药研发实力较国外还有很大差距，知识产权的保护还存在诸多不足。如果将欧洲 G2/08 案件的审查标准应用到我国，还存在诸多问题：①医药用途专利所涉及的侵权主体主要是医生和制药企业，医生的治疗行为并非以经营为目的，其行为不会构成侵犯专利权，因此，医药用途专利主要用于限制制药企业的侵权行为。而瑞士型权利要求恰恰要求保护

的是化合物在制备药物过程中的应用，可以很好地限制制药企业。而不采用瑞士型权利要求的撰写方式，反而容易让制药企业钻了漏洞。②用药过程的特征往往是与医生对治疗方案的选择密切相关，而与药物本身没有太大的关系，因此如果特征仅在于用药过程，授予专利权往往会无形中延长了化合物药物产品本身的保护时间。

医药行业是关系人民生死存亡的支柱行业。历史告诉我们，医药领域的专利能够带给企业巨大的经济利润，始终会成为我国知识产权司法保护的争论的焦点，如果您有兴趣，请持续关注这一热点。

（撰稿人：周明新）

埃博拉病毒肆虐，Are We Ready?

埃博拉病毒在西非爆发，截至 2014 年 8 月 9 日，几内亚、利比里亚、塞拉利昂和尼日利亚累计出现埃博拉病毒确诊、疑似和可能感染病例 1 848 例，死亡人数已达到 1 013 人。几内亚比绍总理佩雷拉 12 日在首都比绍召开新闻发布会，宣布关闭与邻国几内亚的边界，以防止正在邻国肆虐的埃博拉病毒传入几内亚比绍境内。

目前，埃博拉病毒在非洲部分国家已成失控之势，该次疫情已成为史上最严重的埃博拉疫情。世界卫生组织总干事陈冯富珍此前警告称，"如果形势继续恶化，就死亡人数而言，后果可能是灾难性的，发展速度超过了我们控制它的速度。"

目前，人类一旦感染埃博拉病毒，将无法治愈，也没有疫苗，有 2～21 天潜伏期。这种疾病的死亡率高达 50%～90%，会引发呕吐、腹泻、内出血和外出血。那么目前对于埃博拉病毒的研究状况如何，我们今天从专利的角度来分析一番。

search. cnipr. com 数据显示，在中国申请的与埃博拉病毒有关的专利申请共计 150 件，其中，37 件与免疫疫苗相关。

这 37 件专利，大多是通过非特异性增强人体免疫能力的手段，间接提高机体对病毒感染的反应性和抵抗能力。直接涉及病毒疫苗的专利不多，这可能与埃博拉病毒强烈的致病性有关。其中，针对埃博拉病毒免疫治疗的专利共 11 件，3 件是关于用于预防及治疗埃博拉病毒的免疫抗原和疫苗制备方面的专利，其余 8 件关于治疗埃博拉病毒的方法，如疫苗接种方法等（表6-3）。

表 6-3 埃博拉病毒免疫治疗领域专利列表

申请号	名称	申请日	申请（专利权）人
CN200880116677. 4	疫苗纳米技术	2008-10-12	麻省理工学院
CN200980149266. X	改善的氨基脂质和递送核酸的方法	2009-10-09	泰米拉制药公司；英属哥伦比亚大学
CN201410076320. 5	基于埃博拉病毒包膜蛋白的抗原片段、截短体及应用	2014-03-04	中国人民解放军军事医学科学院生物工程研究所
CN200780049912. 6	抗-TSG101 抗体及其用于治疗病毒感染的用途	2007-11-15	功能遗传学股份有限公司
CN200880013210. 7	治疗恶性病状、自身免疫性疾病或传染病的工具包	2008-04-25	LFB 生物科技公司
CN200810137857. 2	一种无特定病原体实验食蟹猴的繁育技术	2008-07-03	海南金港实验动物科技有限公司
CN200880132576. 6	通过机械破坏表皮进行痘病毒载体的疫苗接种	2008-10-31	T. S. 顾巴；刘露铮丽莎
CN200910192351. 6	联合使用痘病毒载体 HIV 疫苗与腺病毒载体 HIV 疫苗的方法及其应用	2009-09-15	中国科学院广州生物医药与健康研究院
CN201180034108. 7	脂质缀合抗体	2011-07-08	JV 生物公司
CN201180050844. 1	包含痘苗病毒载体和仙台病毒载体的初免-加强疫苗用病毒载体	2011-10-21	国立大学法人北海道大学；北海道公立大学法人札幌医科大学；生物载体株式会社
CN201280020513. 8	包含组蛋白去乙酰化酶抑制剂的疫苗接种方法	2012-03-09	麦克马斯特大学；渥太华医院研究所

用于预防及治疗埃博拉病毒的免疫抗原和疫苗制备方面的 3 件专利应是未来埃博拉病毒治疗的方向。其中，中国在该领域占据一席之地。

在这 3 件专利中，专利 CN200980149266.X 目前已授权，其授权日期为 2014 年 3 月 19 日，专利权人为泰米拉制药公司（英文名 TEKMIRA Pharmaceuticals（TKMR））。据新闻报道，凭借埃博拉病毒概念，泰米拉制药公司在美国的股票于 2014 年 8 月 8 日当天大涨 45%。

该专利权人目前在美国联邦食品药物管理局（FDA）申请批准一种新药 TKM-Ebola，该药物被认为对治疗埃博拉有特效，2014 年年初，该公司开始第一阶段人类临床试用，但是在 7 月，FDA 宣布禁止其临床试用。

进一步沿着 CN200980149266.X 进行追踪，我们发现，该专利是 PCT 申请，国际公开号 WO2010042877A1，由泰米拉制药公司于 2010 年 4 月 15 日提出，该国际专利拥有美国的优先权，并且在加拿大、日本、欧洲和澳大利亚进入国家阶段，已在欧洲专利局获得授权。可见，泰米拉制药公司对该专利极其重视，在全球重要国家都进行了专利布局。由此，我们猜测，该专利很有可能就是 TKM-Ebola 的专利保护利剑。只要 TKM-Ebola 批准上市，将会给泰米拉制药公司带来不菲的收益。从另一个角度讲，泰米拉制药公司的 TKM-Ebola 也会给当前深陷痛苦的西非带来福音。

除了泰米拉制药公司，此次埃博拉病毒使得美国"小微企业"马普生物制药公司（Mapp）也一跃成名。马普生物制药公司研发处于实验阶段的药物刚刚挽救了两名在非感染埃博拉的美国医护人员。目前，这家公司申请与埃博拉病毒治疗相关的专利共计 2 件，但从其技术方案来看，并未强调抗原及疫苗的制备（表6-4）。从保护范围来看，该公司较泰米拉制药公司的专利保护意识还有一定的差距，因此，这家企业今后的发展道路可能与泰米拉制药公司有所不同。

表 6-4　马普生物制药公司（**Mapp**）相关免疫治疗埃博拉病毒专利列表

公开号	申请日	名称
WO2013095738A2	2012-09-27	MONOCLONAL ANTIBODIES WITH ALTERED AFFINITIES FOR HUMAN FCYRI, FCYRLLLA, AND C1Q PROTEINS
US20130149300A1	2012-09-27	MONOCLONAL ANTIBODIES WITH ALTERED AFFINITIES FOR HUMAN FCyRI, FCyRIIIa, AND C1q PROTEINS

通过上述分析我们发现，针对埃博拉病毒，泰米拉制药公司可能最早产生治疗方案，而马普生物制药公司将是其重要的竞争对手。

可以想见，在不久的将来，用于治疗埃博拉病毒的疫苗和特效药必将成为众多相关公司争夺的重点。而泰米拉制药公司通过其充分的专利布局，必然能够在该领域成为一个领军者。

（数据来源：知识产权出版社咨询培训中心 i 智库，截至 2014 年 8 月 19 日）

（撰稿人：周明新）

第七章

专利与汽车行业

特斯拉的中国影响力

1.特斯拉专利现状分析

特斯拉汽车公司（Tesla Motors）成立于 2003 年，总部设在美国加利福尼亚州的硅谷。2004 年，埃隆·马斯克向特斯拉投资 630 万美元入主特斯拉。特斯拉在成立之初并无专利申请，直至 2006 年才开始申请专利。2010 年，特斯拉收购 NUMMI 汽车制造工厂并在纳斯达克上市，当年的专利申请量已达到 72 件。2012 年，特斯拉推出最新的车型 Model X，其专利申请量也升至 98 件（图 7-1）。

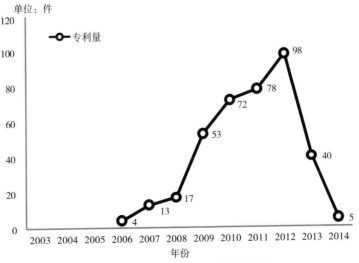

图 7-1　特斯拉汽车公司的专利历程

特斯拉领导人认为，从长期角度看，特斯拉全球销量将由美国、欧洲和中国三大块区域构成，而目前公司的专利布局重点在美国、欧洲和日本，在中国的专利量还很少，按照特斯拉的计划，3~4 年后可能在中国建厂，以避开高额关税，随着中国市场地位的提高以及生产基地的转移，未来特斯拉在华专利申请量将增长（图 7-2）。

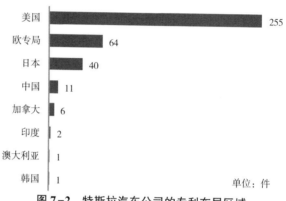

图 7-2　特斯拉汽车公司的专利布局区域

特斯拉汽车公司目前在电池组及其管理系统领域的专利申请量最多，其次是充电技术与系统领域，车体及附件、驱动系统、整车控制和操作界面领域也是特斯拉所关注的。电动汽车的三大核心技术为电机、电池和电控，特斯拉的专利布局也紧紧围绕核心技术（图 7-3）。

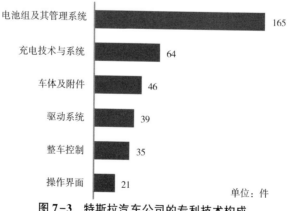

图 7-3　特斯拉汽车公司的专利技术构成

特斯拉汽车公司申请的专利中有 240 件获得授权，其中 192 件发生专利权转移，主要转让给 PNC 银行协会（PNC BANK）和米德兰贷款服务公司（MIDLAND LOAN SERVICE），目前仅有 6 件专利权重回特斯拉（图7-4）。

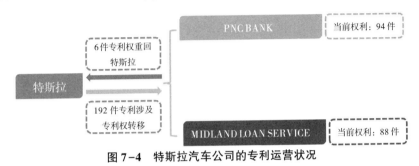

图7-4　特斯拉汽车公司的专利运营状况

2.特斯拉进军中国带来的商业机会

目前，松下是特斯拉电池的唯一供应商，一辆特斯拉需要 8000 多块松下 18650 型号的锂电池，不过随着产能上升，特斯拉就有可能引入其他供应商。相关消息显示，特斯拉已经与韩国企业 LG 化工和三星 SDI 进行谈判，这两家公司有望成为特斯拉的潜在电池供应商，但拥有先进技术和专利技术的锂动力电池生产企业都有望成为特斯拉的供应商，包括中国的比亚迪和天津力神（图7-5）。

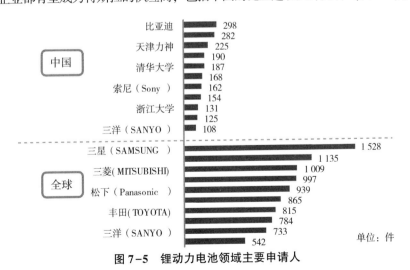

图7-5　锂动力电池领域主要申请人

特斯拉汽车公司已开始在金属空气电池领域布局专利，金属空气电池未来可能取代锂电池搭载在特斯拉汽车上（表7-1）。

表7-1　特斯拉汽车公司在金属空气电池领域的相关专利

公开号	申请日	公开日	名称
US20120041623A1	2010-09-22	2012-02-16	Charge Rate Modulation of Metal-Air Cells as a Function of Ambient Oxygen Concentration
US20120041622A1	2010-09-22	2012-02-16	Charge Rate Modulation of Metal-Air Cells as a Function of Ambient Oxygen Concentration
US20120040210A1	2010-11-20	2012-02-16	Thermal Energy Transfer System for a Power Source Utilizing Both Metal-Air and Non-Metal-Air Battery Packs
US20120040253A1	2011-01-26	2012-02-16	Collection, Storage and Use of Metal-Air Battery Pack Effluent
US20120040212A1	2011-02-14	2012-02-16	Hazard Mitigation Within a Battery Pack Using Metal-Air Cells
US20120041628A1	2011-02-25	2012-02-16	Control, Collection and Use of Metal-Air Battery Pack Effluent
US20130015823A1	2012-09-22	2013-01-17	Charge Rate Modulation of Metal-Air Cells as a Function of Ambient Oxygen Concentration
US20130273444A1	2013-03-27	2013-10-17	Hazard Mitigation Within a Battery Pack Using Metal-Air Cells
US20130328531A1	2013-08-15	2013-12-12	Charge Rate Modulation of Metal-Air Cells as a Function of Ambient Oxygen Concentration

从金属空气电池领域中国区域前十申请人来看，丰田自动车在该电池领域的专利申请量最多，本土申请人中科研机构的专利申请较多，本土企业有北京中航长力能源科技有限公司、北京长力联合能源技术有限公司、北京九能京通新能源科技有限公司以及比亚迪股份有限公司均在金属空气电池领域有专利申请，已开展相关的研发，未来在金属空气电池领域有望与特斯拉或其他电动汽车厂家合作（图7-6）。

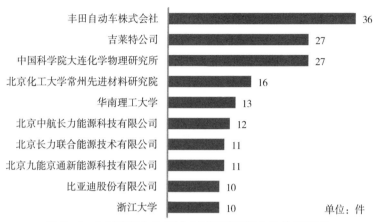

图7-6　金属空气电池领域中国区域申请人排名 TOP10

3. 特斯拉 VS 比亚迪

从特斯拉和比亚迪在电动汽车领域的专利技术构成对比来看，特斯拉的专利布局重点在系统和控制，而比亚迪由于本身是电池生产厂家，其在电池本身技术领域的专利布局最多，而特斯拉由于采用松下的电池，而更重视电池组和电池管理系统的相关技术（图7-7）。

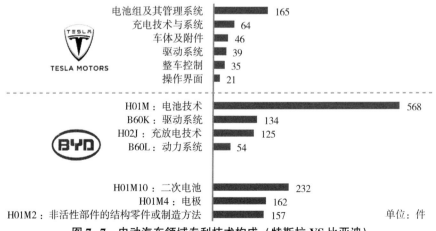

图7-7　电动汽车领域专利技术构成（特斯拉 VS 比亚迪）

从目前特斯拉和比亚迪在电动汽车的售价和市场定位来看，特斯拉剑指高端，而比亚迪致力于服务普通消费者，二者并无直接的竞争关系，但若特斯拉推出经济型电动汽车或比亚迪推出高端电动汽车，则二者在中国市场将会面临更直接的竞争（表7-2）。

表7-2　特斯拉和比亚迪综合对比

项目	特斯拉	比亚迪
成立时间	2003年	1995年
产品结构	电动汽车	IT、汽车和新能源三大产业
售价	ModelS车型在中国的售价：85kWh的版本售价73.4万元人民币	e6先行者的比亚迪纯电动车售价36.98万元人民币
电池	松下	自主研发
2013年销量	约2.25万辆	比亚迪电动车总销量约2 400辆，其中包括1 700辆电动轿车和700辆电动巴士
充电站建设	银泰、soho、联通	国家电网

电动汽车充电设施是电动汽车产业链的重要组成部分，目前特斯拉与国家电网国内合作无进展，特斯拉在美国的单个超级充电站的建设成本在15万~20万美元，其独立运作超级充电站成本高昂，而比亚迪一直与国家电网有着直接的合作关系。从电动汽车充电设施中国地区的专利申请排名来看，国家电网公司在该领域的申请量最多，在充电设施建设方面已经积累了一定的优势技术，可见从供电、技术和专利角度看，国家电网无疑是电动汽车厂家在充电设施领域最好的合作方（图7-8）。

4. 特斯拉对于中国企业的启示

特斯拉对于中国企业的启示如下。

（1）产业化时代：特斯拉将电动汽车带入了产业化时代，其长期目标是在全球销售50万辆电动车。

（2）对关键技术的掌控能力：特斯拉倡导模块化开发、设计和生产理念，并在关键技术领域布局专利。

（3）清晰的产品定位和阶段定位：特斯拉制定了三步走战略，从高端小众、中端中等价位到推出更大众化的产品。

（4）充电设施的大力投入：致力于其超级充电站建设，在美国已建成81个，中国已建成25个。

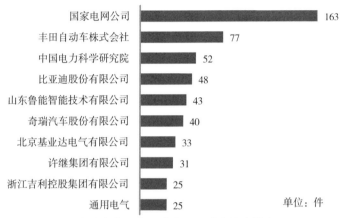

图7-8　电动汽车充电设施中国区域申请人排名TOP10

（数据来源：知识产权出版社咨询培训中心i智库和LexisNexis，截至2014年11月25日）

（撰稿人：杨青）

中国轮胎市场的专利格局

根据中国汽车工业协会发布的数据，2009年中国汽车产销超过1 350万辆，首次成为世界汽车产销第一大国。而随着国内汽车行业的发展以及轮胎制造中心的转移，中国已经成为世界轮胎最大生产国和重要出口国。

中国已迈向世界轮胎制造大国，那么在产销繁荣背后的创造力如何呢？我们从轮胎行业背景、专利申请趋势、申请人和未来技术的角度全面揭示中国轮胎市场的专利格局，以了解隐藏在背后的机遇和挑战。

1. 汽车及轮胎行业产销数据

中国汽车市场产销两旺, 中国成为世界轮胎大国。

2013 年, 国内汽车产销双双超过 2 000 万辆, 再创全球产销最高纪录 (图 7-9)。汽车工业的发展促进了轮胎行业的快速增长, 中国橡胶工业协会相关数据显示, 国内轮胎产量由 2005 年的 2.5 亿条增至 2013 年的 5.29 亿条, 中国已成为第一大轮胎生产国及出口国 (图 7-10)。

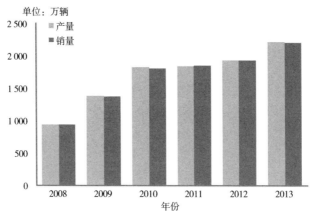

图 7-9 中国汽车产销数据 (2008—2013 年)

数据来源: 汽车工业协会, 截至 2014 年 10 月 24 日。

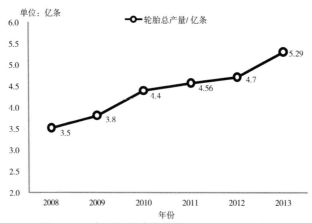

图 7-10 中国轮胎产量数据 (2008—2013 年)

数据来源: 中国橡胶工业协会, 截至 2014 年 10 月 24 日。

2.轮胎行业专利年度趋势

中国轮胎行业的快速发展推动技术升级，专利申请保持较高增速（图 7-11）。截至 2014 年 10 月 24 日，轮胎行业中国专利有 26 862 件，其中发明专利占 43.3%，实用新型专利占 36.7%，外观设计专利占 20.0%（图 7-12）。中国轮胎产业的快速发展推动技术升级，专利申请保持较高增速，年均增长率达 15.8%。

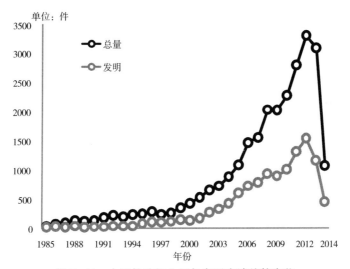

图 7-11　中国轮胎行业历年专利申请趋势变化

数据来源：知识产权出版社咨询培训中心 i 智库，截至 2014 年 10 月 24 日。

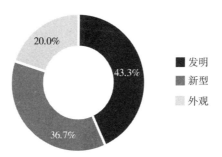

图 7-12　中国轮胎行业专利申请类型分布

数据来源：知识产权出版社咨询培训中心 i 智库，截至 2014 年 10 月 24 日。

3.轮胎行业国内外企业专利总量排名

国外轮胎巨头对中国市场的专利保护强度高，山东玲珑橡胶有限公司的申请量居国内企业前列。

国外轮胎巨头对中国市场的专利保护强度高，中国专利的申请人排名中，前五位申请人均为国外知名轮胎企业，本土轮胎企业仅有山东玲珑橡胶有限公司和双钱集团股份有限公司入围前十，但本土企业的专利申请量与国外企业相差较大（表7-3）。

表7-3　中国轮胎行业重点企业专利总量排名

申请人	总部所在地	专利申请量/件	2013年销售额/亿美元	2013年销售额全球排名
米其林	法国	1 492	255.45	2
普利司通	日本	1 425	273.9	1
住友橡胶	日本	1 228	69.713	6
固特异	美国	981	175.86	3
优科豪马	日本	659	49.156	8
正新橡胶	中国台湾	572	47.686	9
倍耐力	意大利	394	80.072	5
山东玲珑橡胶	中国内地	355	18.841	18
东洋橡胶	日本	346	29.7	14
双钱集团	中国内地	331	18	20
三角集团	中国内地	261	27.124	15
韩泰轮胎	韩国	258	68.681	7
风神轮胎	中国内地	245	14.084	26
大陆集团	德国	219	111.5	4
杭州中策橡胶	中国内地	208	45.291	10

数据来源：知识产权出版社咨询培训中心 i 智库，截至2014年10月24日；销售额数据来自美国《橡胶与塑料新闻》公布的2014年度全球轮胎75强排行榜。

4.轮胎行业国内外企业专利类型排名

国外轮胎企业发明和外观设计专利并重，掌控轮胎行业的重要技术，本土企业需加强重点技术的研发以及提高对外观设计的重视程度。

在发明专利和外观专利的排行中，国外轮胎企业均拔得头筹，发明前十企业的发明专利总量占行业发明总量的43.5%，而外观前十企业的占比超过了一半（表7-4）。国外轮胎企业采取发明和外观设计专利并重的专利保护策略，掌控轮胎行业的重要技术，本土企业需加强重点技术的研发以及提高对外观设计的重视程度。

表7-4 中国轮胎行业国内外企业专利分类型排名

申请人	发明专利量/件	占比	申请人	外观专利量/件	占比
米其林	1 122	9.6%	普利司通	525	9.8%
日本住友橡胶	1 056	9.1%	固特异	450	8.4%
普利司通	895	7.7%	正新	431	8.0%
固特异	530	4.6%	米其林	370	6.9%
优科豪马	527	4.5%	玲珑	277	5.2%
倍耐力	373	3.2%	东洋橡胶	186	3.5%
韩泰轮胎	205	1.8%	风神轮胎	185	3.4%
东洋橡胶	149	1.3%	双钱	180	3.4%
大陆集团	118	1.0%	日本住友橡胶	172	3.2%
青岛软控	83	0.7%	优科豪马	131	2.4%
合计	5 058	43.5%	合计	2 907	54.2%

数据来源：知识产权出版社咨询培训中心i智库，截至2014年10月24日。

5.轮胎行业本土企业专利状况

本土轮胎优势企业发明专利占比低，创新能力薄弱，企业规模和专利布局能力并不匹配。

本土轮胎企业的专利排名中，入围轮胎企业的发明专利占比低，创新能力较弱，这些企业本身也是中国产销量领先的轮胎制造企业，其专利布局能力与企业规模、知名度并不相匹配（表7-5、图7-13）。

表 7-5   中国轮胎行业中国本土企业专利排名（TOP8）

企业	专利申请量/件	2013 年综合产量/条	2013 年销售收入/万元人民币
玲珑	355	29 128 649	1 149 286
双钱	331	—	878 977
三角	261	20 828 236	1 654 579
风神	245	—	859 145
中策	208	36 598 152	2 404 382
江苏通用	124	—	—
双星	106	10 001 357	—
赛轮	103	10 563 788	—

数据来源：知识产权出版社咨询培训中心 i 智库，截至 2014 年 10 月 24 日；产销数据来自中国橡胶工业协会发布的 2013 年产销 10 强数据。

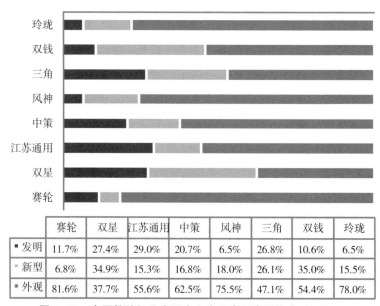

	赛轮	双星	江苏通用	中策	风神	三角	双钱	玲珑
▪ 发明	11.7%	27.4%	29.0%	20.7%	6.5%	26.8%	10.6%	6.5%
▫ 新型	6.8%	34.9%	15.3%	16.8%	18.0%	26.1%	35.0%	15.5%
▪ 外观	81.6%	37.7%	55.6%	62.5%	75.5%	47.1%	54.4%	78.0%

图 7-13   中国轮胎行业中国本土企业专利类型构成（TOP8）

数据来源：知识产权出版社咨询培训中心 i 智库，截至 2014 年 10 月 24 日。

6. 未来轮胎发展技术的专利布局

绿色轮胎将成为未来轮胎的发展趋势，中国本土轮胎企业对未来轮胎的技术储备不足。

绿色轮胎是指由于应用新材质和设计，而导致滚动阻力小，因而耗油低、废气排放少的子午线轮胎。从环保和节能的角度考虑，绿色轮胎预计将成为未来轮胎的发展趋势，而从绿色轮胎的专利申请来看，本土轮胎企业对未来轮胎的技术储备不足，如不加以重视，将会错失未来轮胎的发展机会（表7-6）。

表7-6 中国绿色轮胎领域主要申请人

排名	申请人	绿色轮胎领域专利申请量/件
1	日本住友橡胶	86
2	优科豪马	63
3	普利司通	62
4	米其林	44
5	北京化工大学	43
6	中国石油化工股份有限公司	34
7	中国石油化工股份有限公司北京化工研究院	23
8	东洋橡胶	15
9	韩泰轮胎	14
10	三角集团	11

数据来源：知识产权出版社咨询培训中心 i 智库，截至 2014 年 10 月 24 日。

（撰稿人：杨青 尹春雷）

北京国际车展亮点——新能源汽车

截至 2014 年，中国已经连续 5 年成为全球汽车消费第一的国家。北京国际车展吸引了众多车企参展，2014 北京国际车展共有 14 个国家和地区的 2 000 余家厂商参展，79 辆新能源车型亮相。

根据北京市小客车指标调控管理信息系统的数据，截至 2014 年 2 月

25 日，申请北京普通小客车摇号的单位和个人达 183 万人（次），虽然北京普通小客车购买指标一号难求，但是参与申请新能源汽车的消费者却少之又少，2014 第 1 期个人新能源摇号配置指标 1 666 个，但申请人仅 1 428 人，低于指标配额。大家对购买新能源汽车还是颇多顾虑，让我们通过专利分析，来看看新能源汽车目前的技术发展情况。

1. 各汽车厂商积极进行新能源汽车专利布局

通过 search. cnipr. com 检索发现：截至 2014 年 3 月 20 日，新能源汽车领域中国专利申请近 13 万件，各汽车厂商都将新能源汽车作为未来汽车的方向，积极地进行专利布局。

从企业申请来看，TOP10 企业包括三家日本企业，两家美国企业、一家韩国企业以及四家中国企业（图 7-14）。而颇得中国消费者青睐的德系车品牌却并不突出，未入选 TOP10。

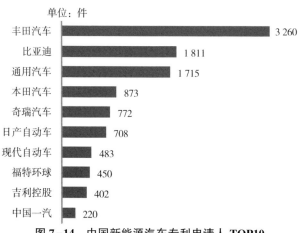

图 7-14　中国新能源汽车专利申请人 TOP10

从申请量排名来看，日企丰田汽车排名第一，专利量超过第二位比亚迪近一倍，反映了丰田汽车对新能源汽车领域的关注以及其对中国新能源汽车市场的重视，美国的通用汽车不甘落后，专利排名第三位，专利数量和排名第二位的比亚迪相差无几，同样是中国企业需要关注的竞争对手。

跻身 TOP10 的中国企业包括国内知名度较高的比亚迪、奇瑞、吉利和中国一汽，比亚迪相对其他本土企业更具技术优势。

综合来看，无论目前销售情况如何，各汽车厂商已然开始进军新能源汽车领域，可喜的是，中国企业并不甘居人后，已在技术发展中崭露头角。

2. 新能源汽车配套设施——车外充电装置

消费者不敢购买新能源汽车，一大顾虑在于能源的补给，目前，我国电动汽车充电站大多局限于电动公交汽车或内部集团用车，并未建成真正面向普通用户的充电站服务网络，已经建成或在建得比较有代表性的充电站仅是个位数。

而从专利情况来看，中国的新能源汽车车外充电装置已积累了一定数量的专利，从 2003 年开始，该领域专利数量出现明显增长，2009—2013 年达到高峰，说明新能源汽车充电装置近年来技术发展迅速（图 7-15）。

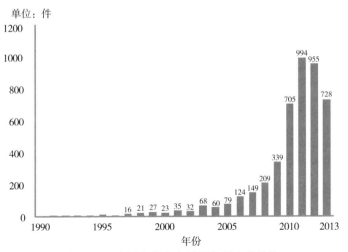

图 7-15　中国车外充电装置专利申请趋势

而从专利申请人类型来看，公司是技术研发的主力，其专利申请数量占比达50%以上。其次是来自个人的申请，而来自研究院所及高校的专利申请较少，占比6%，说明该领域技术目前技术研发主要由公司推动（图7-16）。

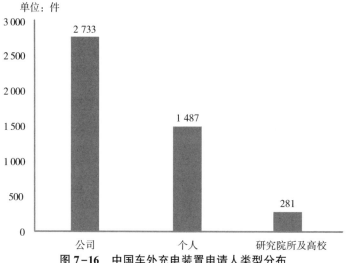

图7-16 中国车外充电装置申请人类型分布

从专利申请类型来看，车外充电设备领域，实用新型专利占比最高，超过50%，其次是发明专利，专利占比40.9%，但其中，发明授权专利占比不足20%，综合来看，车外充电设备领域目前技术发展水平有待进一步提高（图7-17）。

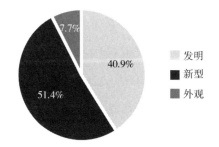

图7-17 中国车外充电装置专利类型分布

随着国家政策倾向于大力推广新能源汽车，增设充电站的消息不时传来，日前中石化宣布将在加油站增设电动车充电业务；国家电网和南方电网已将电动汽车充电站作为战略重点，今年将在全国大规模布点；特斯拉上海充电站也将揭开面纱……

虽然车外充电设备目前技术水平有限，但结合目前新能源汽车整体技术的快速发展，以及大量汽车厂商的介入，新能源汽车的发展前景良好。大家在车展上可以多关注新能源汽车，以便在未来几年拥有一辆便捷节能的新能源汽车之前好好了解一下！

（数据来源：知识产权出版社咨询培训中心 i 智库，截至 2014 年 3 月 20 日）

（撰稿人：贾立娜）

第八章

专利与互联网行业

腾讯专利探秘

提到腾讯你会联想到什么？QQ、游戏、微信……还是 2013 年专利申请量跻身中国企业前三位，抑或其与京东、搜狗和滴滴打车等的投资合作。腾讯公司作为中国互联网的龙头企业，无论是在商业层面还是知识产权保护方面均表现出生龙活虎之势。那么腾讯的专利怎么样，作为一名专利工作者，笔者对"小企鹅"的专利情况产生了浓厚的兴趣。通过检索，发现"小企鹅"的几个小秘密。

1. 转移篇

"小企鹅"早在 2002 年就开始通过专利申请权/专利权的转移获得专利，但数量并不可观。截至 2013 年年底"小企鹅"共申请中国专利 4 849件，而其中 19 件并非自己申请，而是通过专利权的转移而来。

从个人手中获得专利是"小企鹅"从外部获得权利的重要方式，华为技术有限公司（以下简称"华为"）的专利对"小企鹅"也非常重要。就中国、美国和加拿大三个国家而言，"小企鹅"共有 52 件转移而来的专利，其中 32 件专利来自个人，18 件专利来自华为（图 8-1）。从华为获得的专利均与视频编码、解码及压缩等处理技术相关。

再来谈谈被"小企鹅"青睐的个人申请者，"小企鹅"更倾向从他们手中获取及时通信领域的专利，另外由王睿斌申请的中国专利"一种将 Flash单机双人游戏在双主机上同步运行的方法"于 2011 年转至"小企鹅"名下。

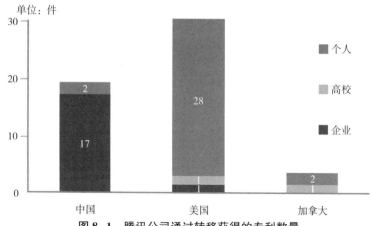

图8-1 腾讯公司通过转移获得的专利数量

由此可见，视频、游戏和及时通信作为"小企鹅"的三大重要业务，在专利方面也同样受到重视。

这其中有一家公司值得我们的关注：深圳市世纪光速信息技术有限公司。数据显示："小企鹅"将266件专利申请/专利权转移给深圳市世纪光速信息技术有限公司，而对该公司的调查发现，该公司在国家版权中心登记注册了腾讯QQ拼音输入法软件，以自己名义申请的专利共计31件，且登记地址为腾讯大厦。

2. 无效篇

首先，我们来看一下"专利权无效"的定义。MBA智库对专利权无效是这样定义的，指专利复审委员会根据利害关系人的申请，对已经被授予的专利权进行审查，一旦认为其不符合取得专利权的条件而不应当被授予专利权则宣告专利无效以自始剥夺其权利，并通过公告取得公信力的行政行为。这里需要注意到两个关键词，"利害关系人"和"自始剥夺其权利"，也就是说专利权无效的双方存在一定程度的利害关系，目的是使其专利权自始不存在。

在国家知识产权局专利复审委员会的网站上通过检索腾讯作为请求人

发起的无效和复审案件共计 73 件，其中涉及无效的专利共计 9 件，包括 4 件发明专利、4 件外观专利和 1 件实用新型专利（图 8-2）。

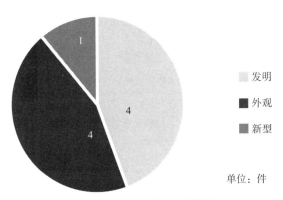

单位：件

图 8-2 腾讯公司无效专利类型分布

从无效成功率来看，9 件无效案件中有 4 件专利无效判决维持专利权有效，无效成功率仅为 55.5%（表 8-1）。从无效专利涉及的专利权人来看，除河南双汇投资发展有限公司之外，其余几件专利均为个人，居然没有发现具有竞争关系的企业。

表 8-1 腾讯公司无效专利列表

序号	决定号	申请号	专利类型	名称	申请（专利权人）	无效决定	决定日
1	22115	CN200610011449.3	发明	把到移动电话的短消息自动进行网络存储的装置和方法	侯万春	有效	2014-1-23
2	22061	CN200420039809.7	新型	手机短消息包装设备	侯万春	无效	2014-1-15
3	21943	CN98122785.6	发明	采用全数字码给上网的计算机分配地址的方法	谢建平；魏蒙恩	有效	2014-1-2
4	21893	CN200610033421.X	发明	在通信信息上附加信息的方法和系统	熊明宝	无效	2013-12-24

续表

序号	决定号	申请号	专利类型	名称	申请（专利权人）	无效决定	决定日
5	21763	CN200910084756.8	发明	提供与位置信息相关联的在线黄页电话簿的系统和方法	侯万春	有效	2013－12－10
6	WX13856	CN200430043777.3	外观	摄像头外壳（Q仔）	张思诺	无效	2009－8－5
7	WX13664	CN200630302004.1	外观	标贴（Q香辣风味香肠）	河南双汇投资发展股份有限公司	有效	2009－7－15
8	WX12993	CN200430043776.9	外观	摄像头外壳（Q妹）	张思诺	无效	2009－3－11
9	WX11615	CN200630146325.7	外观	摄像头（T20-QQ）	李江涛	无效	2008－6－5

通过 search.cnipr.com 查询以上专利的法律状态信息，创博亚太科技（山东）有限公司（以下简称创博亚太）浮出水面。专利 CN200610011449.3 于 2009 年 12 月转移给创博亚太，专利 CN200910084756.8 于 2013 年 3 月独占许可给创博亚太。进一步整理，得到以下信息：

（1）创博亚太的主营业务电信领域和金融领域增值业务产品的开发、生产与销售，与腾讯公司存在业务重叠。

（2）侯万春是创博亚太的创始人。

（3）2013 年 12 月 10 日，专利复审委员会维持专利 CN200910084756.8 有效。

（4）腾讯于 2013 年 4 月 19 日对专利 CN200910084756.8 向专利复审委员会提出了无效宣告请求。

（5）2013 年 4 月之前，创博亚太诉腾讯微信产品侵犯其专利权。

（6）2010 年 11 月 12 日，微信出品前，创博亚太率先申请了微信的商标。

（数据来源：知识产权出版社咨询培训中心 i 智库，截至 2013 年 12 月 31 日）

（撰稿人：王涛）

那些年，UC专利那些事儿

2014年6月，除了精彩纷呈的FIFA世界杯，中国互联网行业也给观众上演了一幕"资本盛宴"——UC优视以43.5亿美元的估值，全资并入阿里巴巴集团，成为中国互联网行业迄今估值最高的一次收购。

根据UC的发展历程和融资历程，结合CNIPR网站检索的UC专利申请数据，制作的UC年鉴（图8-3）。

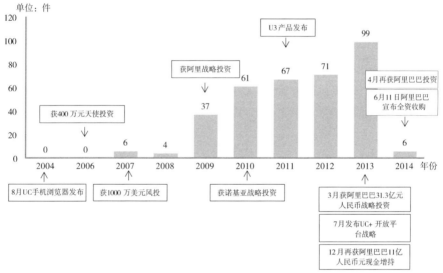

图8-3　UC公司专利申请与市场投融资行为比较

通过上面的年鉴和调查，发现：

（1）UC优视成立于2004年，同年8月在全球首次将服务器、客户端混合计算的云端架构应用到手机浏览器领域，UC手机浏览器发布。2006年，UC优视获得来自雷军等知名人士的400万元人民币天使投资。在这期间，UC优视并没有任何专利申请。

（2）2007年8月，著名风险投资机构晨兴投资和联创策源合计投资UC优视1 000万美元。在获取该笔风险投资后，UC优视开始布局和申请

专利保护。这不免验证了"坊间"的一个说法：创业型互联网公司，有了钱才有精力搞专利。

（3）2009年6月，UC优视正式接受阿里巴巴集团等机构的战略投资。UC优视正式开启大规模专利保护。

（4）2010年3月，UC优视宣布获得诺基亚成长伙伴的战略投资，享誉业界的风险投资公司纪源资本（GGV Capital）亦参与了本轮投资。融资后，UC优视的专利申请与布局继续走高。

（5）2011年6月，UC优视发布了自主研发的全新手机浏览器内核——U3，成为中国首个拥有完整内核能力的浏览器公司。与此同时，UC优视的专利申请再创新高。

（6）2013年3月，UC优视获得阿里5.06亿美元（约合31.3亿元人民币）的战略投资。7月，发布"UC+开放平台"战略级部署框架。12月，再获阿里11亿元人民币现金增持。同年，UC优视的专利申请达到历史最高。

（7）2014年4月，传UC优视再获阿里投资。6月11日，阿里巴巴正式对外宣布全资收购UC优视，组建UC移动事业群。UC董事长俞永福任事业群总裁，并进入阿里集团战略决策委员会。笔者发现，UC优视的最后一次专利申请是在2014年的3月底，4月的网传阿里再投资，实际上内部已经完成对UC优视的收购。

阿里收购UC优视，给中国的互联网写下了一个新的篇章。在这43.5亿美元的估值中，UC优视的专利估值作价几何，值得我们仔细思考。

（数据来源：知识产权出版社咨询培训中心 i 智库，截至2014年6月26日）

（撰稿人：代立强）

从山寨到创新——小米专利之路

北京小米科技有限责任公司（以下简称小米）以其傲人的销售业绩成为互联网行业的一颗新星。小米通过互联网模式进行产品开发、营销和销售，小米的成功几乎成为业内神话。从 2011 年 8 月 16 日 MI1 正式发布起到 2014 年上半年，小米手机累计销量为 5736 万台。疯狂的销售业绩背后，小米经历了从模仿到专利创新的发展历程。

短短 4 年时间，小米从产品、专利到销售额均实现大幅增长。小米成立于 2010 年 4 月，可以说在专利之路上处于裸奔状态，直至 2010 年 12 月才申请了第一件专利，实现了专利申请的零突破。随着的公司发展，小米科技的专利申请量呈现上升态势。虽然专利申请量总量不大，但却保持着较高增长率。与此同时，其销售额也实现快速增长（图 8-4）。

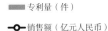

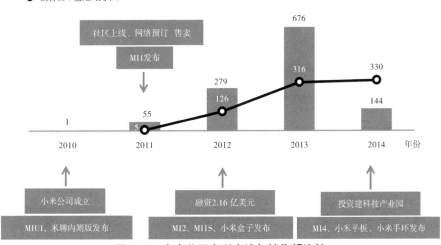

图 8-4 小米公司专利申请与销售额比较

从小米的专利类型构成看，超过 90% 的专利为发明专利申请，发明专利成为小米专利最主要的专利类型，同时布局了新型、外观等外围专利（图 8-5）。

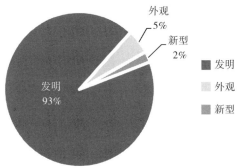

图8-5 小米公司专利类型分布

从小米专利的法律状态看，在总计1100余件专利中，还没有出现失效或者无效的专利申请，专利质量较高（图8-6）。

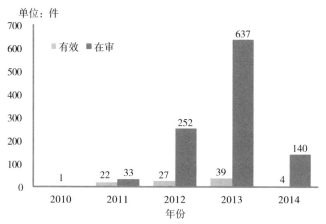

图8-6 小米公司专利法律状态分布

从小米专利的技术构成看，小米专利主要布局在数据处理及传输、电话及图像通信、无线通信网络等技术领域，这为小米公司的产品提供了良好的技术支持和保障（图8-7）。

从小米专利的发明人构成看，超过90%的专利是由多位发明人共同研发的，发明人之间具有较高的协作能力，团队协作是其产品研发的主要模式（图8-8）。

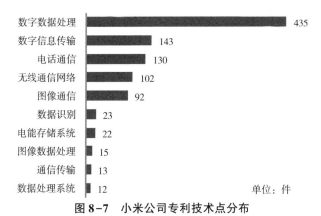

图 8-7 小米公司专利技术点分布

刘道宽 89
王斌 75
刘新宇 66
孙伟 58
翁海斌 54
李创奇 52
许瑞军 50
孙鹏 47
林形省 45
石新明 45

单位：件

图 8-8 小米公司专利发明人 TOP10 排行

从小米专利发明人的身份看，多位发明人或为小米公司的创始人，或在公司中身居要职，在公司中具有重要地位（表 8-2）。

表 8-2 小米公司专利发明人任职情况

发明人	任职情况
刘道宽	米聊产品研发经理，专利最多的发明人
刘新宇	小米科技技术主管，MIUI 高级工程师，小米第一件专利的发明人
李创奇	小米电视/盒子团队负责人，合伙人兼产品总监
许瑞军	小米科技资深工程师
孙鹏	小米初创员工，MIUI 开发工程师，小米生态链产品规划总监
林形省	研发主管

小米公司研发团队主要成员技术侧重各有不同。从技术构成看，小米科技研发团队主要成员侧重的技术领域各不相同，呈现出研发团队研发方向的多元化（图8-9）。

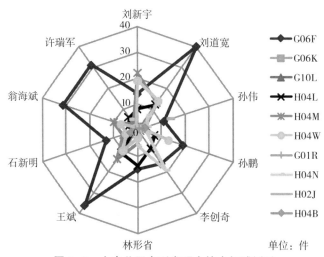

图8-9　小米公司专利发明人技术领域侧重

小米科技海外专利布局助力其开拓国际市场。小米科技除了注重在中国本土申请专利外，为配合其拓展国际市场的商业布局，在专利申请方面也开始进行专利布局，先后在WIPO（世界知识产权组织）、EPO（欧洲专利局）等组织及美国、韩国等国家进行专利申请，为其产品进入相关国际市场提供有效技术保障（图8-10）。

小米公司毕竟是互联网行业冉冉升起的一颗新星，虽然其在营销、销售方面采用互联网模式表现不俗，但其产品从简单模仿到自主创新还需要一个漫长的过程，毕竟技术的创新需要积累而不是一蹴而就的事情，与业内同行相比，小米的专利数量与华为、中兴这样的企业相比还只能用凤毛麟角来形容。小米如果想取得商业上更大的成功，专利的保驾护航是不可或缺的条件，这点对意图开拓海外市场的小米来说更为重要，要知道专利这个没有硝烟的战场同样具有杀伤力，不加准备贸然出击，搞不好会伤了自己。

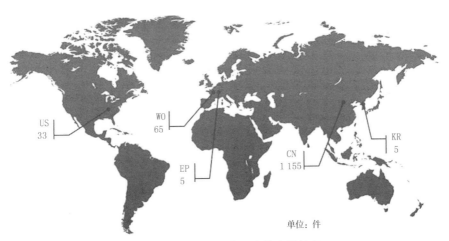

图 8-10　小米公司专利海外布局情况

（数据来源：知识产权出版社咨询培训中心 i 智库，截至 2014 年 7 月）

（撰稿人：王向红）

图形界面保护给中国企业带来了什么？

随着《国家知识产权局关于修改〈专利审查指南〉的决定》颁布，从 2014 年 5 月 1 日起，软件图形用户界面开始正式受专利法保护。

在该决定颁布之前，根据国家知识产权局 2010 年颁布的《专利审查指南》的规定，软件图形用户界面设计不受外观专利保护。《专利审查指南》（2010 版）外观设计专利申请的初步审查部分第 7.4 条的第 11 项规定：产品通电后显示的图案，属于不授予外观设计专利权的情形，例如电子表表盘显示的图案、手机显示屏上显示的图案、软件界面等。

但随着智能手机、平板电脑的普及，用户对界面设计的要求不再仅仅停留在对功能的安排，更多的是希望提供友好的操作界面。因此，一款优秀的图形界面设计方案不仅是一种友好的信息交流输入方式，而且还具有

较好的商业价值。就像提到苹果手机，人们就会想到其具有特色的开机界面以及图标。

基于现行《专利法》的规定，申请人如果希望对图形界面设计进行保护，只能选择申请软件著作权对图形界面的设计代码进行保护，或者申请发明专利对图形用户界面的设计方法进行保护。

采用以上述两种方式对图形界面设计进行保护，存在的问题如下。

（1）软件著作权仅保护代码，抄袭者仿制难度低。

若企业选择申请软件著作权对图形界面的设计代码进行保护，根据《计算机软件保护条例》，软件保护的对象是程序和文档，因此只能保护界面的代码以及文档中出现的软件界面截屏。

但抄袭图形界面的人仅通过修改代码并对界面简单修改就可以不构成著作权侵权，便可以堂而皇之的应用对方的界面设计，而设计人也无法对其提出诉讼。

（2）发明专利申请难度大，对设计图形本身很难保护。

若企业选择申请发明专利对图形用户界面的设计方法进行保护，仅能对图形用户界面涉及的技术问题进行保护，不仅需要具有一定的创新性，而且要符合《专利法》第二条的规定，即该设计为专利法保护的客体。

通过对 2014 年 2 月之前公开的专利进行初步检索，可以看到，涉及软件图形用户界面的专利共有 1 890 件，其中，发明专利占 97.2%，实用新型占 2.7%，外观仅有 2 件，而且这两件外观专利仅仅是提到具有图形用户界面，但要求保护的依然是产品具体的外观轮廓。

通过初步检索，截至 2014 年 2 月，检索到 45 件涉及界面设计的专利在专利复审委提出过复审请求。在所检索到的 45 件专利中，有 4 件专利存在不符合《专利法》第二条第二款规定的缺陷，有 31 件专利存在不符合专利法第二十二条第三款规定的缺陷。

这些数据在一定程度上反映出发明专利对界面设计保护的局限性。

即便这样，保护的也仅仅是设计思路，对界面本身也无法进行保护。即使抄袭者采用了与之相似的界面设计，因方法类专利取证较为困难，很难证明相似界面下设计思路也一样，因此设计人也很难对其提出诉讼。

正是由于这些问题的出现，企业在投入大量的人力物力对用户界面进行设计后，没有适应的法律法规对其进行保护，因此目前企业对用户界面的设计的重视程度较低，各个企业的界面相似度很高。

但在美国、欧盟、日本和韩国，屏幕显示图案和图标可相应地获得外观设计保护。特别是在美国，2012 年苹果与三星在加州的专利大战中，就涉及了苹果的多个图形用户界面外观专利。如果该情形出现在中国，则无法提起诉求，被侵权方就无法得到保护。

因此，《专利审查指南》对包括图形用户界面的产品外观设计给予专利保护的修改便显得尤为重要。从 2014 年 5 月 1 日起，《专利审查指南》的修改将在很大程度上解决上述两个问题，使得拥有软件界面的生产厂商得到尽可能大的保护。

审查指南的修改，对我国生产厂商来说，带来了什么？是机遇，还是挑战？

当修改后的专利审查指南施行后，首先，国内生产厂商将与国外生产厂商站在同一起跑线上，若此时抢占先机，尽早将自己研发设计的界面申请外观设计专利保护，将会使自己的产品得到全面的保护，形成专利保护壁垒；其次，国内生产厂商将不必担心自己花很大精力设计的图形界面被仿制，可以设计凸显自己风格的用户界面，在市场竞争中树立自己的产品形象。但是，不应忽略的是：

（1）国外电子产品生产厂商的针对性布局。

苹果、三星等众多国外电子产品生产厂商会在审查指南修改施行之初，为了保护自己的产品设计，大量与自己产品的图形用户界面相同或者

相似的外观设计，甚至针对中国企业产品中的用户界面设计进行专利申请，对中国市场进行有针对性的专利布局，从而达到保护自己的产品设计的同时打击竞争对手的目的。如果这样，中国国内生产厂商将会在随后专利授权后遇到大量的侵权诉讼案件，侵权风险增大。

（2）恶意申请的大量出现。

由于很多界面设计已在市面上大量出现，专利流氓会仿照现在已有的界面设计申请大量的外观设计专利，从而收取许可费和转让费。

《专利审查指南》的修改，对我国的企业既有机遇也有挑战。国内企业应抓住这次机会扩展自己的市场，形成自己的界面风格。

由于《专利审查指南》针对外观设计的修改还未开始施行，外观设计申请图片提交，申请提交图片内容以及侵权判定都还没有一个普遍试用的规则。因此，新实施的《专利审查指南》如何对图形界面的确权以及申请的确定还需要一段时间的调整。国内企业需对其进行密切关注。

但是，不应忽略的是，一旦软件图形用户界面开始正式受专利法保护：

（1）国外电子产品生产厂商的针对性布局，中国国内生产厂商如何应对？

（2）恶意申请的大量出现，企业该如何防范？

（3）相似外观设计如何界定，如何判定侵权？

因此，这些问题都值得国内企业的密切关注。

（数据来源：知识产权出版社咨询培训中心 i 智库，截至 2014 年 2 月 28 日）

（撰稿人：王晶）

不朽的乔布斯专利

据搜狐科技的《死了还在申请专利，乔布斯留下了啥"遗产"》这篇文章报道，苹果之父史蒂夫·乔布斯（Steve Jobs）于 2011 年 10 月 5 日病故后还获得了 141 项专利！这让笔者不禁大呼，这数量可能比大多数发明家一生的发明还要多呀。到底真的有这回事儿吗？

笔者通过欧专局专利检索平台检索到：截至 2014 年 12 月 3 日，以史蒂夫·乔布斯作为发明人的专利申请共有 263 件；其中在 2011 年 10 月 5 日之后（也就是乔布斯去世后）进行申请的专利有 62 件。

另据腾讯科技报道称，在乔布斯患病期间，苹果律师依然每隔几天以乔布斯的名义申请专利，笔者也"如愿以偿"找到了 2011 年 10 月 4 日（也就是乔布斯过世前 1 天）以他为发明人申请的两件专利。图 8-11 中左图是关于苹果手机的装饰设计，公开号为 USD672769，右图是关于 Mac 电脑用户界面特有的滚动工具栏，公开号为 US8640045。

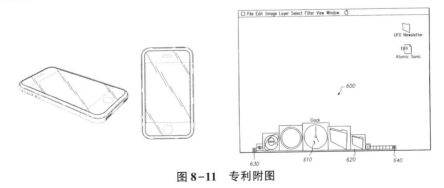

图 8-11　专利附图

当然，"真爱"是永无止境的，笔者也找到了直到 2014 年 7 月，还有乔布斯的专利，这也是目前能找到的最新申请，是关于一种编辑界面的方法，申请人是苹果公司。

乔布斯的近 300 件专利，涉及产品和技术范围之广，也是令很多技术

大拿们望尘莫及的。从硬件（计算机、电子设备、计算设备、便携显示设备）到软件（多媒体、语音、铃声管理），无所不包。其中他最常申请的是 Electronic Device 电子设备，专利件数高达 56 件，占比 21.29%，其次是媒体设备，专利件数为 25 件（图 8-12）。

还有一些超级有意思的专利，如鼠标、电源适配器甚至苹果专卖店中的玻璃楼梯……乔布斯的创意真是无处不在！

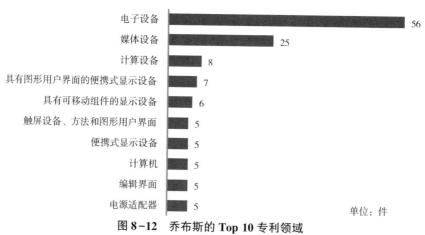

图 8-12　乔布斯的 Top 10 专利领域

从专利申请的地域分布来看，乔布斯为发明人的专利主要集中在美国，申请件数为 225 件，占比接近九成。其后依次为世界知识产权组织、澳大利亚、欧洲专利局、中国、加拿大、日本和波兰（图 8-13）。

而从乔布斯的 263 件专利的申请人分布来看，大致可以分为四类：

（1）苹果公司：作为主要专利申请人，此类有 257 件，占比 98%。

（2）乔布斯等多人申请团队：此类有 3 件。

（3）NeXT 公司：乔布斯 1985 年从苹果公司辞职后同年成立的公司，后被苹果公司收购，此类有 2 件。

（4）Savant System 公司：是全球唯一一家完全基于 Apple ® 平台开发的系统公司，应用于楼宇控制、音视频系统等，此类有 1 件。

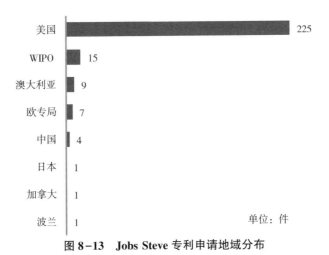

美国	225
WIPO	15
澳大利亚	9
欧专局	7
中国	4
日本	1
加拿大	1
波兰	1

单位：件

图 8-13　Jobs Steve 专利申请地域分布

由此可见，乔布斯的绝大多数发明都是归属于苹果公司，他一生最好最多的专利都奉献给了苹果。所以"后乔布斯时代"的苹果公司，不但能够受惠于乔布斯的专利，而且可以继续延续乔布斯的发明。

通过笔者的分析，大家应该对乔布斯的专利有了更深刻的了解和认识了。乔布斯虽然离开了我们，但是他所留下的技术与创新精神，将继续改变我们的生活和我们的世界！

（数据来源：知识产权出版社咨询培训中心 i 智库，截至 2014 年 12 月 3 日）

（撰稿人：马俊）

网购的下一个十年，你用什么支付？

在世界互联网大会的举办地乌镇景区，移动支付让来自全球的体验者感受颇深，只需带上手机，就能在乌镇景区畅通无阻地游玩，不管是在明信片小铺、花灯铺、麻花店，还是特色小吃点，游客都能使用支付宝钱包扫码付款。

其实，这只是移动支付的远程支付，移动支付可以做的还更多，如支付宝钱包当面付"咻咻咻"就利用了移动支付近场支付中的声波支付技术，除此之外，近场支付还可以将手机和公交卡、银行卡绑定，用手机刷卡的方式坐车、买东西。

工信部的统计数据显示，截至2014年5月底，中国的手机用户数量已达到12.56亿。根据艾瑞咨询的数据，2013年国内移动支付交易规模达到1.2万亿元人民币，预计2014年将达到2.9万亿元人民币。移动支付，正在成为金融机构、运营商和第三方支付平台较劲的重要战场。

那么在这种新型支付手段飞速席卷全球的时候，中国做好准备了么？我们今天就从专利的角度分析一番，看看在知识产权领域，中国移动支付的技术储备情况。

1. 中美韩：移动支付热点布局区域

经过检索发现，全球范围内，移动支付所涉及的专利申请共计5 486项，其中美国、中国、韩国均为专利布局的热点地区，中国更是以28%的占比位居第二位，充分显示了中国市场对众多手机及半导体研发制造企业的吸引力（图8-14）。

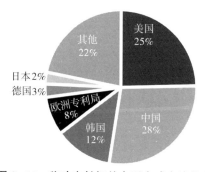

图8-14 移动支付相关专利全球申请分布

2.NFC：面向全球；RCC：主打中国

移动支付主要包括 NFC（近距离无线通信）技术和 RCC（限域通信）技术，而专利积累中，NFC 技术专利申请达到 4 550 项，占比 83%，RCC 技术专利申请 936 项，占比 17%。显然，NFC 技术目前吸引了更为广泛的关注。

进一步追根溯源，我们发现，NFC 技术其实是舶来品，由非接触式射频识别（RFID）演变而来，工作频率为 13.56MHz，是飞利浦半导体（现恩智浦半导体公司）、诺基亚和索尼共同研制开发，2003 年制定，是当前移动支付的行业标准。[❶]

而 RCC 技术则是中国自主创新技术，同样由非接触式射频识别（RFID）演变而来，工作频率为 2.4GHz，由以国民技术为代表的一批国内企业制定，于 2009 年成为中国移动企业标准，并获工信部互联互通标准工作组及中国通信标准化协会立项。[❷]

而这两项技术的专利布局也体现了截然不同的策略，RCC 技术主要布局在中国，中国的专利申请占比达到 90% 以上，NFC 则布局范围较广，专利申请覆盖北美、亚洲、欧洲等多个区域。可以说，NFC 的市场应用定位在全球，而 RCC 则主打中国（图 8-15）。

3.NFC：全球混战；RCC：中国独大

主要技术持有人专利布局情况也证实了这一点，RCC 领域，中国本土企业国民技术一家独大，拥有的专利申请份额达到 38.55%，同时，入选

---

❶　http：//baike.baidu.com/subview/917495/5282340.htm

❷　http：//baike.baidu.com/link？url＝RQbNX0Nvcnn78NqegV2FfLqAOj SPHPQGuNda-BEiCOMo9-Ek8ypTKxvLvwggOX_ fG_ SzBjIYfAyrMFHlG5ZzUJ_

TOP10 的专利申请人也均为中国本土企业或科研机构，显然，RCC 领域，中国已具有明显的技术垄断优势（图 8-16）。

单位：件

	RCC	NFC
■ 美国	5	2 022
■ 中国	923	1 381
■ 韩国	0	1 015
■ 欧洲专利局	1	665
■ 德国	0	226
■ 日本	0	201
■ 其他	7	1 810

图 8-15　NFC/RCC 技术专利申请地域分布

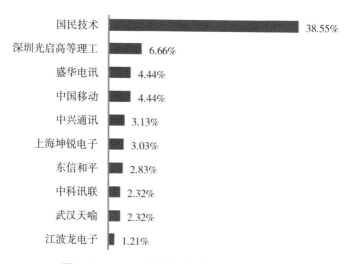

图 8-16　RCC 技术全球申请人 TOP10 排行

而 NFC 领域情况则迥然不同，全球市场吸引了众多国外大型手机厂商、半导体企业甚至 NPE（非专利实施主体）的加入，激烈的市场竞争和技术角逐使得专利分布分散，没有出现类似 RCC 领域国民技术这样的技术垄断企业。在追随者迅猛的追赶下，NFC 技术的倡导者恩智浦半导体、诺基亚和索尼积累的技术优势并不突出，恩智浦半导体和诺基亚分别以 1.78% 和 1.20% 的份额勉强挤进了专利申请 TOP10 榜单，排名仅为第八和第九位（图 8-17）。

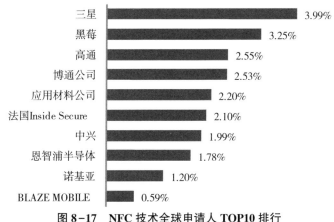

图 8-17 NFC 技术全球申请人 TOP10 排行

三星虽入门较晚但专利申请数量后来居上，以 3.99% 的份额排名第一，其次是传统的手机厂商黑莓，以 3.25% 的份额位居第二位，值得关注的是，通信领域的高通也早已在 NFC 领域进行了布局，以 2.55% 的份额排名第三位。综合来看，NFC 领域可谓群雄并起，各方势力的技术较量形成重重险境。

而其中中国企业仅有中兴一家以 1.99% 的专利份额争得少许技术竞争力。

4. RCC：迎来了技术产业化的曙光

在这样的形势下，对我国手机制造企业而言，NFC 技术显然是一处布

满了荆棘的沼泽，面对国外市场必然要走披荆斩棘的一步，但如果只是针对国内市场，RCC 技术则是一根救命的稻草。

目前，中国银联建立的以 NFC 技术为核心的 13.56MHz 移动支付企业标准被确立为金融移动支付国家标准，这显然是对 RCC 技术的沉重打击。

而值得庆幸的是，2014 年 8 月，工信部公开征集对《基于 13.56MHz 和 2.45GHz 双频技术的非接触式销售点（POS）射频接口技术要求》等两项国家标准计划项目，这意味着 RCC 技术将有可能和 NFC 技术形成国内手机支付双标准，RCC 终于迎来了技术产业化的曙光。

未来中国移动支付标准如何发展，我国自主研发的 RCC 技术和世界标准的 NFC 技术的终极 PK 结果如何？我们拭目以待。

（数据来源：知识产权出版社咨询培训中心 i 智库，截至 2014 年 10 月 30 日）

（撰稿人：肖丽）

第九章

高校与专利

清华大学专利保护状况研究

清华大学在专利保护方面表现卓越，根据 i 智库推出的《京津冀 211 高校专利发展研究报告（1985—2013）》，清华大学专利申请量和专利授权量双双位居京津冀 211 高校榜首。

1. 申请量：清华大学位居京津冀榜首

清华大学自 1985 年开始申请专利，截至 2014 年 4 月，累计专利申请量已达 19 230 件，这一数值远远高于京津冀地区其他 211 高校的专利申请量，占前十高校专利申请量之和的 28%（图 9-1）。

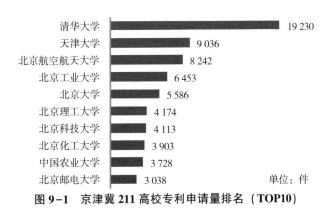

高校	专利申请量
清华大学	19 230
天津大学	9 036
北京航空航天大学	8 242
北京工业大学	6 453
北京大学	5 586
北京理工大学	4 174
北京科技大学	4 113
北京化工大学	3 903
中国农业大学	3 728
北京邮电大学	3 038

单位：件

图 9-1　京津冀 211 高校专利申请量排名（TOP10）

2. 授权量：清华大学位居京津冀第一

清华大学专利授权量排名第一。在京津冀 211 高校中，从专利授权量

看，清华大学专利授权量累计达到 12 045 件，在专利授权量前十高校中占比达 31%（图9-2）。

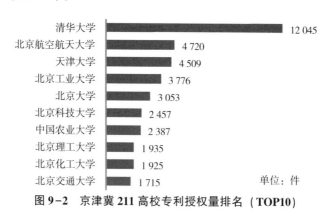

图9-2 京津冀 211 高校专利授权量排名（TOP10）

3.技术合作：企业是合作申请的主要伙伴

企业是合作申请的主要伙伴。一直以来，清华大学以其领先的科研教学水平和高超的学术造诣，受到众多合作者的青睐。清华大学的专利申请以独立申请为主，也拥有众多合作申请伙伴，当中不乏企业、科研机构、高校等合作者，其中企业是清华大学最主要的合作伙伴（图9-3）。企业依托清华大学的创新优势和技术力量，结合企业自身特点，为企业创新以及实现创新成果的产业化提供有效保障。

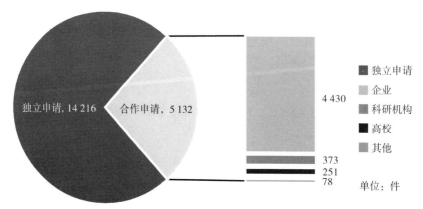

图9-3 清华大学技术合作者构成分析

4.专利类型：发明专利占绝大多数

发明专利占绝大多数。从清华大学的专利类型看，清华大学的专利中以发明专利为主，占比超过87%（图9-4）。

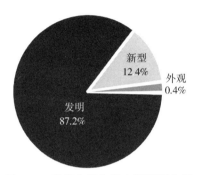

图9-4 清华大学专利申请类型分析

5.有效专利：授权且有效专利占比最高

从清华大学专利的法律状态看，授权并保持有效的专利数量最多，在清华大学专利申请中占比达42%（图9-5）。

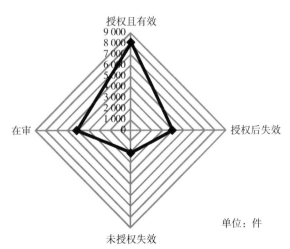

图9-5 清华大学专利法律状态分析

6. 专利运营：转让为主

在清华大学所申请的专利中，涉及专利运营活动的专利有635件，仅占3%，这与京津冀211高校整体专利运营水平大体相当。在转让、实施许可和专利质押三种运营模式中，专利转让是最主要的运营模式（图9-6）。

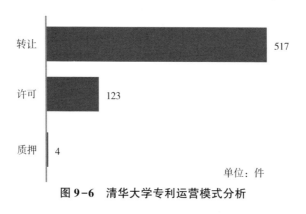

图9-6　清华大学专利运营模式分析

7. 自主申请与代理申请：三种类型专利申请所占比例大体相当

自主专利申请与代理专利申请中三种类型专利申请所占比例大体相当。从专利申请数量上看，清华大学通过代理机构申请的专利数量与自主专利申请数量之比约为2.7∶1。但是无论通过代理机构代理还是由清华大学自主申请，三种类型专利申请在其中所占比例大体相当。代理机构代理的专利申请中，发明专利占87%，实用新型专利占12%，而外观专利约占为1%。清华大学自主专利申请中，三种专利所占比例与上述比例几乎无差（图9-7）。

8. 授权率：自主申请高于代理申请

自主申请授权率高于代理申请授权率。尽管在专利申请类型构成上，自主专利申请与代理机构代理的专利申请有着相似的比例构成，但自主专利申请的专利授权率却高于通过代理机构代理的专利申请（图9-8）。

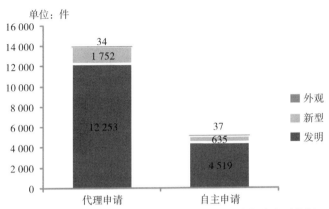

图 9-7 清华大学自主申请与代理申请中三种申请类型分析

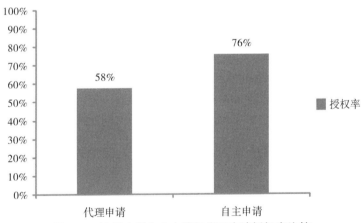

图 9-8 清华大学自主申请与代理申请授权率比较

总体来说，清华大学的专利状况在京津冀 211 高校乃至全国高校范围内都处于领先水平，希望更多的高校能像清华大学一样，在运用专利保护科研成果方面有所建树。

（数据来源：知识产权出版社咨询培训中心 i 智库，截至 2014 年 4 月 30 日）

（撰稿人：王向红）

京津冀 211 高校专利代理花落谁家？

作为科技创新体系的重要组成部分，高校在技术创新、成果转化及推动经济社会发展中发挥着重要作用。i 智库相关数据显示，截至 2014年 4 月，京津冀 211 高校专利申请超过 8 万件，其中，80% 专利申请通过代理机构代理申请（图 9-9）。在数目繁多的专利代理机构中，哪些专利代理机构会和高校有较为密切的合作？那些专利申请数量较多的高校，它们会对哪些代理机构情有独钟呢？通过下面的分析，也许能找到答案。

高校自主
申请专利
公开量
16 876
20%

代理机构
代理高校
专利公开量
67 849
80%

图 9-9　京津冀 211 高校自主申请与代理申请比较

1. 京津冀 211 高校专利代理机构 TOP10

i 智库数据显示，633 家专利代理机构参与代理京津冀 211 高校的专利申请。在京津冀 211 高校委托的专利代理机构范围内，仅 TOP10 专利代理机构代理的专利申请数量就占全部代理机构代理专利申请数量的 52%，集中度较高。TOP10 中，高校所属的代理机构北京清亦华知识产权代理事务所和北京理工大学专利中心拥有 2 席（图 9-10）。

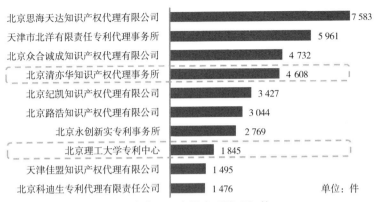

图9-10　京津冀211高校专利代理机构TOP10

2. 排名第一的北京思海天达知识产权代理有限公司：最受北京工业大学青睐

排名第一的北京思海天达知识产权代理有限公司最受北京工业大学青睐。在TOP10专利代理机构中，排名第一的北京思海天达知识产权代理有限公司与北京工业大学具有良好的合作关系，该公司仅为北京工业大学代理的专利申请量就占其为京津冀211高校专利申请代理量的76%（图9-11）。北京思海天达知识产权代理有限公司位于北京工业大学知新园内，与北京工业大学合作较多可能是占了"地利"的优势。

图9-11　北京思海天达知识产权代理有限公司在京津冀211高校中的代理量

3.排名第二的天津市北洋有限责任专利代理事务所：最受天津大学赏目

排名第二的天津市北洋有限责任专利代理事务所最受天津大学赏目。在TOP10专利代理机构中，排名第二的天津市北洋有限责任专利代理事务所为天津大学代理了大量的专利申请，其为天津大学代为申请的专利数量占其为京津冀211高校代理专利数量的98%之多（图9-12）。由于天津市北洋有限责任专利代理事务所和天津大学都地处天津，因此其地域优势更为突出。

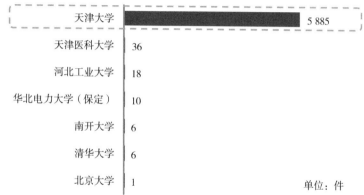

图9-12 天津市北洋有限责任专利代理事务所在京津冀211高校中的代理量

4.排名第三的北京众合诚成知识产权代理有限公司：与清华大学合作密切

排名第三的北京众合诚成知识产权代理有限公司最受清华大学垂青（图9-13）。清华大学虽然拥有自己所属的专利代理机构，但是，北京众合诚成知识产权代理有限公司仍旧与清华大学有良好的合作，在京津冀211高校中，与清华大学的合作最为密切。

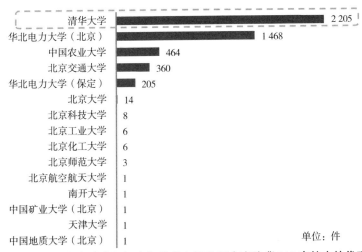

图 9-13　北京众合诚成知识产权代理有限公司在京津冀 211 高校中的代理量

5. 排名第四的北京清亦华知识产权代理事务所：最受清华大学青睐

排名第四的北京清亦华知识产权代理事务所最受清华大学青睐（图 9-14）。北京清亦华知识产权代理事务所的前身为清华大学专利事务所，与清华大学有深厚的渊源。它的诞生是为了处理清华大学日益增加的专利事

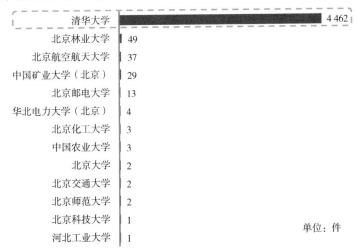

图 9-14　北京清亦华知识产权代理事务所在京津冀 211 高校中的代理量

务。尽管清华大学的专利申请代理业务委托了多家专利代理机构进行，但是从北京清亦华知识产权代理事务所所代理的专利申请数量看，清华大学最多的专利申请代理业务还是交由北京清亦华知识产权代理事务所办理的。

6. 排名第五的北京纪凯知识产权代理有限公司：与清华大学合作密切

排名第五的北京纪凯知识产权代理有限公司与清华大学合作密切（图9-15）。与其他专利代理机构相似，北京纪凯知识产权代理有限公司也与清华大学开展密切合作。除此之外，该公司与中国农业大学及北京大学的合作也较为密切。

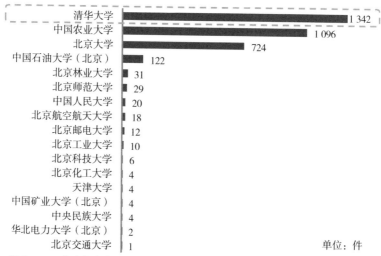

图9-15　北京纪凯知识产权代理有限公司在京津冀211高校中的代理量

7. 排名第六的北京路浩知识产权代理有限公司：清华大学代理量第一

排名第六的北京路浩知识产权代理有限公司也受清华大学青睐（图9-16）。北京路浩知识产权代理有限公司与清华大学合作良好，其为清华大学代理的专利申请占其为京津冀211高校专利代理量的近40%。

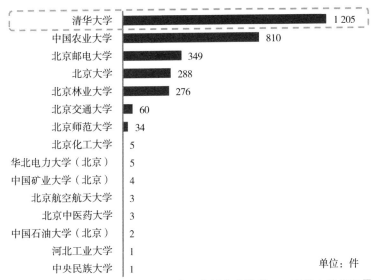

图9-16 北京路浩知识产权代理有限公司在京津冀211高校中的代理量

8.排名第七的北京永创新实专利事务所：与北京航空航天大学密切合作

排名第七的北京永创新实专利事务所很受北京航空航天大学青睐(图9-17)。北京永创新实专利事务所承担了北京航空航天大学大量专利申请代理业务。在京津冀211高校中，北京航空航天大学是其代理量最多的高校。

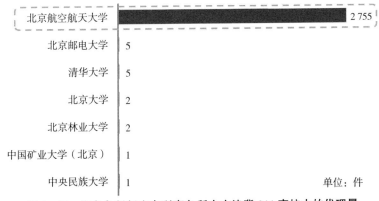

图9-17 北京永创新实专利事务所在京津冀211高校中的代理量

9. 排名第八的北京理工大学专利中心：最受自家高校青睐

排名第八的北京理工大学专利中心最受自家高校——北京理工大学青睐（图9-18）。北京理工大学专利中心隶属于北京理工大学，北京理工大学是其最主要的客户。

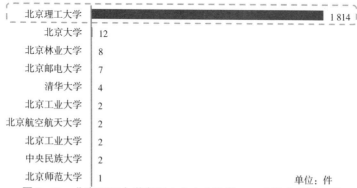

图 9-18　北京理工大学专利中心在京津冀 211 高校中的代理量

10. 排名第九的天津佳盟知识产权代理有限公司：最受南开大学青睐

排名第九的天津佳盟知识产权代理有限公司最受南开大学青睐（图9-19）。与同在天津的天津市北洋有限责任专利代理事务所不同，天津佳盟知识产权代理有限公司代理了大量南开大学的专利申请。

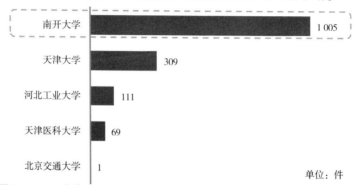

图 9-19　天津佳盟知识产权代理有限公司在京津冀 211 高校中的代理量

11. 排名第十的北京科迪生专利代理有限责任公司：同样受北京航空航天大学欢迎

排名第十的北京科迪生专利代理有限责任公司同样受北京航空航天大学欢迎（图9-20）。北京航空航天大学除了委托北京永创新实专利事务所为其代理专利申请外，也委托北京科迪生专利代理有限责任公司为其代理的大量专利申请。北京航空航天大学目前是北京科迪生专利代理有限责任公司在京津冀211高校范围内最大的客户。

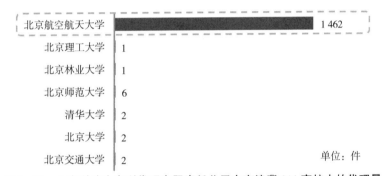

图9-20 北京科迪生专利代理有限责任公司在京津冀211高校中的代理量

通过以上分析可以看出，在京津冀211高校委托的排名前10的专利代理机构中，既有高校所属的代理机构，也有其他类型的专利代理机构。高校专利申请委托的代理机构比较多元化。清华大学除了委托高校自己所属专利代理机构进行专利申请外，还委托了多家外部专利代理机构为其开展专利申请代理业务。而北京理工大学，其专利申请代理业务则主要依托高校自己所属的专利代理机构完成。北京航空航天大学会委托多家专利代理机构为其进行专利代理，而北京工业大学、天津大学、南开大学所委托的专利代理机构则相对较为集中。

（数据来源：知识产权出版社咨询培训中心 i 智库，截至 2014 年 4 月 30 日）

（撰稿人：王向红 谢虹霞）

清华大学与北京大学之巅峰对决

提到清华大学，不由地想到了北京大学，在 2014 年的 QS 世界大学排名中，清华大学以第 47 位登顶中国大学之首，北京大学则以第 57 位的成绩位居第二，那么在专利领域，北京大学和清华大学谁更胜一筹呢？

1. 专利申请量：清华大学大比分胜出

截至 2014 年 10 月 20 日，清华大学在中国申请专利共计 20 454 件，北京大学申请共计 5 444 件，仔细一算，清华大学的专利申请量是北京大学的 3 倍多（图 9-21）。虽然北京大学是中国第一所国立综合性大学，但自 20 世纪 50 年代初高校院系大调整之后，北京大学成为一所以文理基础学科为主的大学，而清华大学基本成为一所工程技术大学。专利讲究实用性，重点在于技术方案是否解决了技术问题、有没有技术效果，这样一来，实用性更强的工科当然更容易出成果了。

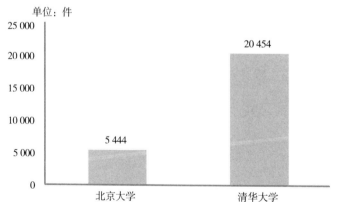

图 9-21　清华大学与北京大学专利申请量比较

2.专利类型：北京大学保护力度更强

从专利类型来看，北京大学的发明专利占比高达95.81%，而清华大学则占比87.76%，低于北京大学（图9-22）。结合两所学校的特点来看，北京大学更为重视基础理论研究，而基础理论在专利领域貌似只适合申请发明专利，而以工科见长的清华大学在建筑、土木、水利、环境、机械工程等领域都颇有建树，其研究成果和专利的结合就更为广泛，发明、实用新型均有合适的技术内容，所以北京大学的专利申请中绝大部分都是发明，而清华大学的发明占比则低于北京大学，实用新型占比高于北京大学。

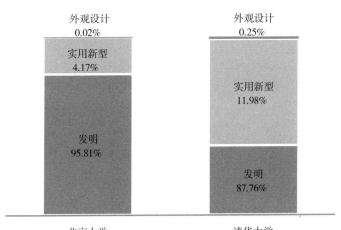

图9-22 清华大学与北京大学专利申请类型比较

3.技术合作：北京大学与清华大学不分伯仲

从技术合作情况来看，北京大学与清华大学的合作申请均占比超过70%，数据差距较小，可以说二者是不分伯仲（图9-23）。进一步分析发现，北京大学和方正的合作占到了合作的六成，而清华大学和同方的合作仅占不到两成，看来，北京大学的研发成果更多的贡献给了自家，而清华大学则显得更为博爱一些，合作对象遍布五湖四海，国内海外俱

囊括。当然，这与清华大学"强悍"的工科实力有关系，找高校进行技术合作的大多是企业，企业对技术实用性要求很是迫切。不过北京大学和方正的这么多合作说明北京大学的技术成果实用性还是不弱的，希望北京大学作为国内的顶级学府，能对国内的企业贡献的更多一些。

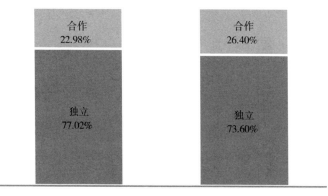

图 9-23　清华大学与北京大学技术合作比较

4.科技成果转化：北京大学更胜一筹

说到科技成果转化，从专利来看，其实就是转让和许可情况，高校的专利如果没有用到企业手上，没有真正的实施，其价值也就没有真正地发挥出来，而高校为了维持专利，负担也是不轻的。一旦让专利走向产业并实施，那么技术成果就发挥了真正的作用，同时，高校也减轻了专利费用的压力。

通过数据分析发现（图 9-24，图 9-25），北京大学在科技成果转化的比例达到 5.9%，高出清华大学两倍多，看来清华大学作为工科高校的老大，在技术的产业化实施上贡献有限呀，或许这与转化渠道较少有些关系。

希望国内的高校尤其是清华大学、北京大学这样的学府能够在产学研上带个好头，让我国的工业真正高端起来，早日把"中国制造"变成"中国创造"。

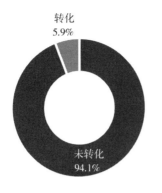

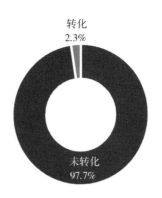

图 9-24　北京大学专利转化状况　　图 9-25　清华大学专利转化状况

　　通过一番比较发现，北京大学、清华大学其实各有千秋，专利比较上也是各有所长，希望两所高校能够相互借鉴，取长补短，继续支持我国的专利事业发展！

（数据来源：知识产权出版社咨询培训中心 i 智库，截至 2014 年 10 月 20 日）

（撰稿人：肖丽）

石墨产业技术创新状况——学研篇

　　石墨是我国的优势矿物资源，我国石墨储量、产量、国际贸易量均居世界首位，但长期以来国内石墨产业基本上处于采选和初加工阶段，技术较为落后，产品绝大部分为普通中高碳矿产品，产业长期低迷，深加工技术和产品落后于发达国家。

　　随着我国冶金钢铁业的持续增长，世界锂离子电池的迅猛发展，石墨原料的需求也日益增大，对我国石墨产业而言，技术创新已是一个急待解决的问题。通过对石墨产业中高校和科研院所的技术创新情况进行了分析，以了解石墨发展中产学研的学研状况、哪所高校的科技创新成果最为突出以及是否可以寻求到最佳的技术合作伙伴。

1. 近半数技术创新来源于高校和科研机构

从专利申请类型来看，石墨产业中近半数技术创新来源于高校和科研机构，说明高校和科研机构是石墨产业研发力量的主要来源（图9-26）。

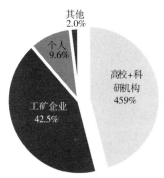

图9-26 石墨产业专利申请人类型分布

2. 近九成高校及科研机构选择代理机构进行成果保护

从石墨产业高校及科研机构专利申请代理情况来看，近九成高校及科研机构选择代理机构进行成果保护，代理机构的专业性有利于提高专利的撰写质量（图9-27）。

图9-27 石墨产业高校及科研机构专利代理情况

3. 在审数量近半数，高校及科研机构创新积极性较高

从石墨产业高校及科研机构专利的法律状态来看，失效专利占比两成

多，而有效专利数量超过三成，并且在审数量近半数，这说明高校及科研机构创新积极性较高（图9-28）。

图9-28　石墨产业高校及科研机构专利法律状态分析

4.北京和上海地区的高校及科研机构科技创新实力表现突出

而从各省市技术创新排名情况来看，北京、上海及江苏的高校及研发机构科技创新实力表现突出，远远超过其他省市，排名位居前三（图9-29）。

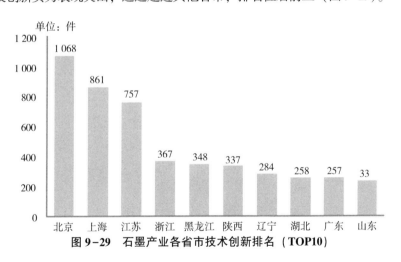

图9-29　石墨产业各省市技术创新排名（TOP10）

5.哈尔滨工业大学科技创新成果拔得头筹

而从石墨产业高校及科研机构专利排名情况来看，哈尔滨工业大学科技创新成果拔得头筹，以196件位居第一，其次是浙江大学和上海交通大

学，这三所高校在石墨产业优异的创新能力对企业而言是寻求技术合作伙伴的潜在来源（图9-30）。

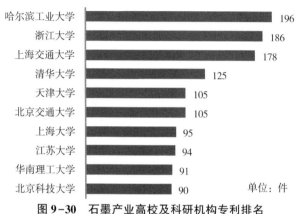

图9-30　石墨产业高校及科研机构专利排名

6.高校及科研机构技术合作占比不足一成

从石墨产业专利申请技术合作情况来看，高校及科研机构进行技术合作占比不足一成，这说明，虽然石墨产业高校及科研机构创新活力较强，但目前企业并未有效利用其科研能力进行成果转化（图9-31）。

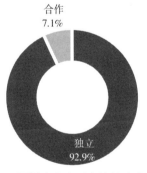

图9-31　石墨产业专利申请技术合作情况

7. 高校及科研机构科技成果转化状况不佳

从石墨产业高校及科研机构专利运营情况来看，涉及运营活动的专利不足 3%，高校及科研机构的科技成果转化状况不佳（图 9-32）。

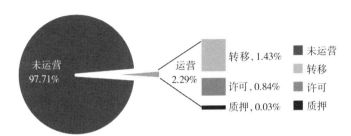

图 9-32　石墨产业高校及科研机构专利运营情况

综合而言，石墨产业的高校及科研机构虽然目前具有较强的技术创新能力，并产生较多的研发成果，但目前技术产业化实施状况不好。一方面是技术落后，另一方面却是巨大的研发成果并未得到有效利用，对我国政府和企业而言，如何有效在石墨产业开展真正的产学研合作，将科研成果早日转化成实际产品，是产业发展需要解决的下一个问题。

（数据来源：知识产权出版社咨询培训中心 i 智库，截至 2014 年 10 月 30 日）

（撰稿人：肖丽）

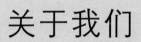

关于我们

咨询培训中心 i 智库

"i 智库"是知识产权出版社咨询培训中心的对外品牌，是全国知识产权分析评议示范创建机构及全国知识产权分析评议联盟成员。"i 智库"以传播知识产权智慧、助力政企发展决策为理念，依托强大的数据资源和专业的专利信息咨询服务团队，通过线上、线下渠道，为客户提供全面的知识产权咨询与培训服务。业务主要涉及法律、技术、产业、竞争对手等多维度的增值咨询服务，包括但不限于专利检索、跟踪、预警、分析、评议等在内的多种形式的咨询报告以及全方位的知识产权培训业务。现有近 50人的专职咨询团队，在专利信息分析方面有平均近 10 年的服务经验，已经为超过 200 家企事业单位提供了咨询和培训服务。

发展历程

2005 年，知识产权出版社推出知识产权咨询服务，主要为地方政府、大型企事业单位提供专利检索、分析和培训服务。

2008 年知识产权出版社研发推出专利分析系统，提高了检索效率，增强了专利分析功能和可视化效果，大大提高了咨询效率。

2010 年打造专业的服务团队，制定工作管理流程，业务覆盖知识产权咨询各个分支。

2014 年年初，知识产权出版社正式成立以知识产权咨询与培训核心业务的独立部门"咨询培训中心"，创立统一的对外咨询培训服务品牌"i 智库"。

2014—2015 年，咨询培训中心不断创新服务模式，提高服务质量，力争推出更加符合客户需求的服务和产品。从报告种类上看，我们不但有针对具体客户的定制分析报告，也有针对群体客户的智库研究报告，包括《中国专利运营状况研究报告》《京津冀 211 高校专利研究报告报》《中国创业板上市公司专利蓝皮书》和《中国专利侵权诉讼状况研究报告》等；从服务的对象上看，我们由行业协会、联盟组织、政府机构等机关团体不断延伸到企业客户、科研机构等创新主体；从技术领域上看，我们几乎涵盖了全部技术领域，包括医药、化学、材料、光电、计算机、通信和机械等，并推出专利咨询相关的专题数据库、外观设计专利检索系统以及智库辅助分析系统。

2016 年，我们将着力打造以 IP Consulting+ 为核心设计理念的 i 智库线上平台。通过该平台，更好地为机构客户及个人用户提供专业、系统、全面的知识产权咨询培训服务，秉承"开放、合作、服务、创新"的原则，打造属于中国自己的 IP 智库生态系统。

业务范围

● 专利战略分析

针对政府重点关注产业，结合本地重点企业、业内动态和相关经济产业技术等方面的政策信息，提供产业战略分析服务。通过产业链分析、上下游专利技术发展研究、研究热点分析、技术发展趋势研究等手段，明确产业的专利技术地位和技术竞争方向、提高创新的效率、防范专利隐患、促进产业发展，为政府制定产业知识产权战略和产业规划提供有力依据。

● 专利技术调查分析

分析核心专利、重点技术专利、技术发展路线、公知公用技术等信息。帮助用户提高研发起点、降低研发成本、避免市场风险。

- 企业专利调查分析

分析关注竞争对手及供应商的专利申请状况、专利保护策略、研发团队状况、技术动态等信息，为客户提供全面的竞争对手及供应商分析服务。

- 专利侵权分析

通过检索、筛查、标引等手段，对相似技术专利进行技术比对、权利要求解读、判别侵权等分析，并提供专利参考建议，有助于客户明确风险专利的威胁水平和侵权风险，从而制定应对方案。

- 知识产权评议

通过对目标技术先进性评议、目标技术专利壁垒分析、项目承担着专利持有状况评议、相关专利权属及保护范围评估等手段，对项目投资的知识产权风险进行评议，为政府进行科学的项目投资决策提供有效保障，避免失误发生。

- 智财管家™服务方案

针对创新型中小型企业推出的知识产权综合全面服务方案，包括但不限于帮助企业制订知识产权战略和管理制度、提供企业员工知识产权培训、协助企业知识产权运营、帮助企业维护其知识产权，防范知识产权风险，并充分利用知识产权制度促进其发展。

- 知识产权实务及管理课程

充分满足企业专利管理不同层次人员（技术人员、知识产权管理人员、中高层领导干部等）的培训需求。培训课程涉及专利法律和文献基础知识、专利信息检索、专利信息挖掘、专利申请和审查、专利无效宣告、专利侵权及应对措施、企业知识产权预警、知识产权管理体系建设等系统的知识产权培训服务。

核心优势

- 专业团队

人才是咨询培训服务最重要的资本，咨询培训中心 i 智库高度重视人

才队伍的建设，拥有近 50 人的专职咨询团队，具有博士学位者超过 15%，硕士学位者超过 75%。核心团队在专利分析、检索、咨询培训方面有平均近 10 年的服务经验，专业领域涉及技术、法律、管理、金融、开发和设计等，其中有 1 名全国专利信息领军人才，5 名专利信息师资人才，6 名资深审查员，30% 以上人员具有专利代理资格证书，10% 以上人员具有律师资格。

为了提供更好更专业的咨询培训服务，咨询培训中心 i 智库一方面依托内部专家团队 "1+3"，即咨询培训中心和数据加工、技术开发、研发中心团队，同时聘请组建了大量由企业高层知识产权管理人员、国内知名高校和科研院所的专家教授组成的外部专家团队，在相关专业领域相互补充，相互融合，相互促进。

- 数据资源

强大的数据资源是专利信息分析的有效保证。咨询培训中心 i 智库依托知识产权出版社强大的数据资源，为客户提供更加全面、系统和权威的数据支持。30 多年来知识产权出版社积累了来源权威、形式丰富、结构规范、更新及时的专利数据资源和非专利数据资源，包括中国专利著录项目与全文图像数据、中国专利全文文本数据、中国专利复审无效数据、中国专利质押转让许可数据、中国药物专利深加工数据、世界专利著录项目与文摘数据、世界专利全文图像数据、世界专利全文文本数据、中国商标数据和美国商标数据等。

- 咨询服务辅助分析系统

咨询服务辅助分析系统可辅助咨询分析师高效率撰写表达式建立专利导航，实现了专利导航模块化、标准化和可视化，同时可以保存咨询分析师在为客户服务过程中的产生的智慧成果，加强专业领域的知识储备，提高了工作效率和服务能力。